ARKANA

W0062504

MANFRED BÖCKL

Propheten, Seher und Auguren

Visionäre und ihre
Prophezeiungen aus Bayern,
Böhmen und Österreich

ARKANA

GOLDMANN

Umwelthinweis
Alle bedruckten Materialien dieses Taschenbuches
sind chlorfrei und umweltschonend.

Der Goldmann Verlag
ist ein Unternehmen der Verlagsgruppe Bertelsmann

Vollständige Taschenbuchausgabe April 1998
Wilhelm Goldmann Verlag, München
© 1994 Dingfelder Verlag, Andechs
© 1997 Manfred Böckl
Umschlaggestaltung: Design Team München
Satz: DTP Service Apel, Hannover
Druck: Elsnerdruck, Berlin
Verlagsnummer: 13245
Herstellung: SC
Made in Germany
ISBN 3-442-13245-2

2. Auflage

Inhalt

ZWEITER TEIL

Einführung

Apokalypse im Jahre 2000?

»Der letzte Krieg ist der Bänkeabräumer!

Einen Sturmwind sehe ich von Westen kommen, und die Gewässer, die in der Donau sind, treten aus. Eine große Wunde ist auf Erden; die ist mit Blut überschwemmt. Das Volk der Sieben Sterne greift in das Ringen ein; auf dem Grund des Ozeans lauern Menschen auf Beute.

Gelber Staub fällt von der Goldenen Stadt bis ans Meer. Hinter dem fliehenden Papst ist ein blutiges Wasser und tote Priester mit weißen Haaren. Die Stadt mit dem eisernen Turm wird von den eigenen Leuten verbrannt. New York wird durch sehr tief unten explodierende Sprengsätze zerstört. Hoch oben, über der Atmosphäre, gibt es gewaltige Feuerwirbel.

Um Böhmen herum ist ein großer Trümmerhaufen. Es hagelt Feuer, ein furchtbarer Sturm braust über das Land. Die Glocken zeigen die zehnte Nachtstunde an, dann steht der Hradschin in Flammen. Die Mauern bersten, alles versinkt in schwarze Tiefe.

Wer es überstehen will, muß einen eisernen Kopf haben. Im ganzen Wald brennt kein Licht mehr, kennt

man Sommer und Winter nicht mehr auseinander, und
das dauert lange.

   Viel später machen wir in einem südlichen Gebiet
Jagd auf Eßbares: Eidechsen oder ähnliche Tiere . . .«

Dieses entsetzliche Szenario wurde vom Autor aus
Fragmenten verschiedener Prophezeiungen montiert.
Die altbayerischen Seher Mühlhiasl, Stormberger und
Alois Irlmaier sind vertreten, ebenso der Salzburger
Bartholomäus Holzhauser (17. Jahrhundert) sowie der
»Anonymus aus dem Waldviertel«, ein präkognitiv[1]
veranlagter Bauer unserer Zeit. Aber es sind auch
Schauungen der geheimnisvollen Sibylle von Prag aus
dem Barock enthalten und nicht zuletzt Textauszüge
aus der sogenannten »Wismarer Prophezeiung« (frü-
hes 18. Jahrhundert), die bis heute im Bayer- und
Böhmerwald lebendig ist.

   Frappierend an diesem kleinen »literarisch-parapsy-
chologischen Experiment«[2] ist die Tatsache, daß sich
die einzelnen Bruchstücke aus ganz verschiedenen historischen Epochen fast wie von selbst ineinanderfü-
gen; daß sie sich gegenseitig zu ergänzen und zusammen um so deutlichere Konturen zu gewinnen
scheinen. Von mehreren zeitlich und räumlich unterschiedlichen Blickwinkeln aus formt sich quasi ein
globales Bild – und es geht dabei um eine schreckliche
Menschheitskatastrophe.

Als das »Große Weltabräumen« hat der Mühlhiasl
diese Apokalypse bezeichnet, und wie ein roter Faden

ziehen sich die Bilder von Harmageddon[3] auch durch die Visionen aller anderen ernstzunehmenden Hellseher, die in diesem Buch vorgestellt werden sollen. Zwangsläufig drängt sich die Frage auf: Ist der gewaltsame Zusammenbruch unserer Zivilisation, von dem die Propheten so deutlich sprechen, unabdingbar?

Viele Menschen, gerade in der gegenwärtigen Zeit kurz vor der Jahrtausendwende, sind davon überzeugt. Denn es ist längst breite Erkenntnis geworden, daß es sich beim Mühlhiasl, bei Alois Irlmaier und anderen keineswegs um Scharlatane handelte. Es gibt zahlreiche Beweise dafür, daß bestimmte Schauungen dieser Präkognitiven später tatsächlich eingetroffen sind. Man muß also auch das, was nach den Worten der Seher noch kommt oder kommen könnte, sehr ernst nehmen. Wenn etwa der Mühlhiasl den Ausbruch des Ersten und Zweiten Weltkrieges präzise vorhergesagt hat, dann ist es beinahe logisch, daß er auch dann nicht irrt, wenn es um ein »Drittes Weltabräumen« geht.

Außerdem sind die grauenhaften Visionen der Propheten ja auch vom Verstand her nachvollziehbar. Gerade in der aktuellen Gegenwart sind wir mit Entwicklungen konfrontiert, die wir – speziell in Europa und in der westlichen Hemisphäre – vor einigen Jahren noch für unmöglich gehalten hätten. Die Hoffnung auf einen friedlichen Neuanfang nach der Auflösung der UdSSR zerbrach. Inmitten unseres Kontinents, wo der Humanismus bereits gesiegt zu haben schien, tauchten barbarische Schlächter auf und stürzten das ehemalige Jugoslawien in einen viehischen Bürgerkrieg. Hilflos und aus falsch verstandenem Pazifismus heraus, möglicherweise aber auch aufgrund von perfiden wirtschaftlichen Überlegungen, hielten und halten die Vereinten Nationen sich zurück. Sie unternehmen so gut wie nichts, um dem zynischen Abschlachten und Foltern Wehrloser oder Andersdenkender Einhalt zu gebieten.

Hilflosigkeit wird auch angesichts anderer nationalistisch oder religiös motivierter Kriege am Rande des früheren Sowjet-Imperiums deutlich. In Irland dazu, wo christliche Katholiken und christliche Protestanten meuchlerisch gegeneinander wüten, ohne daß auch nur ein einziger von seiner jeweiligen Kirche exkommuniziert würde. Und dasselbe gilt hinsichtlich des Iran, von wo aus sich das klerikalfaschistische Gift eines untoten Khomeini mittlerweile ungehindert bis in den Nahen Osten und die nordafrikanischen Küstenstaaten hat ausbreiten können.

Damit noch immer nicht genug: Im Dezember 1993 konnte ein russischer Faschist namens Wladimir Schirinowski einen geradezu irrationalen Wahlsieg verbuchen. Nachdem er, ohne daß der bundesdeutsche Verfassungsschutz eingegriffen hätte, mit einem rechtsradikalen Münchner Verleger konspiriert hatte, bedrohte er die Menschheit mit einem Atomkrieg – und blieb dennoch auf freiem Fuß.

So ist es kein Wunder, wenn die Ängste der friedlichen Bürger wachsen; wenn sie sich vor dem Hintergrund der Entwicklung im letzten Jahrzehnt des zweiten christlichen Jahrtausends gelegentlich fast ins

Wahnhafte steigern. Dies ist im Prinzip nichts anderes als eine verständliche Reaktion auf den Wahnwitz der Herrschenden, der Führer, der Mächtigen, welche ja in der Tat oftmals alles zu tun scheinen, um das Leid, das Unglück, die vermeintliche Ausweglosigkeit immer noch weiter kulminieren zu lassen.

Die Umwelt steht mittlerweile global vor dem Kollaps, doch nichts Ernsthaftes geschieht zu ihrer Rettung; die Gesetze, die da und dort halbherzig erlassen werden, sind meist das Papier nicht wert, auf dem sie geschrieben stehen.

Der blaue Planet ächzt unter einer Bevölkerungsexplosion unvorstellbaren Ausmaßes, aber gewisse Religionen – allen voran die katholische – haben nichts Besseres zu tun, als sich in völliger Verstocktheit gegen jede sinnvolle Art der Geburtenkontrolle zu stemmen. Sie provozieren dadurch neue Naturzerstörungen; dazu in der Zukunft vermutlich Verzweiflungskriege und Völkerwanderungen in nie zuvor erlebten Größenordnungen. Die Vernünftigen, die ihre Stimmen gegen diesen Wahnsinn erheben, werden als gott- und sittenlos abqualifiziert, und ebenso müssen sie scheinbar machtlos zusehen, wie ein Kollegium alter, ausgetrockneter Männer in Rom den einzig praktikablen Schutz vor Aids verteufelt: das Kondom. Und die Seuche kann sich weiter ausbreiten, kann sich von Jahr zu Jahr potenzieren, weil das Handeln des Papstes, seiner Kardinäle, Bischöfe und auch der meisten Priester nicht von wahrer, sondern von einer scheinheiligen Moral bestimmt wird.

Dies sind nur einige Facetten der wahrlich bedrohlichen Situation, in welche die Menschheit am Ende des 20. Jahrhunderts christlicher Zeitrechnung geraten ist. Tatsächlich spricht vieles dafür, daß Harmageddon nahe ist; daß die Propheten recht behalten werden. Tiefenpsychologisch werden die daraus resultierenden Ängste noch verstärkt, weil die Verhältnisse sich ausgerechnet kurz vor der Jahrtausendwende dermaßen zugespitzt haben. Hier greifen im weitgehend noch immer christlich geprägten Abendland mittelalterlich-abergläubische Zwangsvorstellungen, in denen die Vollendung eines Millenniums unterbewußt mit dem »Jüngsten Tag« verknüpft wird. Es ist ja bereits in der Bibel die Rede von einem »Tausendjährigen Reich Gottes«; scheinbar folgerichtig erwarteten die Gläubigen im Jahr 1000 n. Chr. erstmals den Weltuntergang. Zur Zeit Kaiser Ottos III. stürzten zahllose Menschen Europas in ein Massenirresein ab. Ernüchterung und Erleichterung, als der Neujahrstag 1001 anbrach, waren groß – aber die tiefenpsychologische Furcht blieb die folgenden 33 Generationen hindurch bestehen und scheint sich nun auf die kommende Jahrtausendwende fixiert zu haben.

Macht man sich diese historischen und theologischen Zusammenhänge bewußt, dann können irrationale Ängste vor der nahen Zukunft abgebaut werden. Scharlatane, die derzeit wiederum eine Apokalypse »herbeizurechnen« versuchen, werden auf diese Weise leicht entlarvt. Es gibt keinen Propheten und keinen Interpreten, die den Tag und die Stunde nennen könn-

14

ten. Die realen Fehlentwicklungen der Menschheit andererseits existieren; mit ihnen verflochten auch die entsetzlichen Gefahren. Und so bleibt – allerdings rein von der Ratio gestellt – in der Tat die Frage: Kommt die in den Visionen beschriebene Katastrophe; kommt sie schon bald?!

Die einzige Antwort darauf lautet: Wir Menschen dürfen den Widerstand gegen das nur scheinbar Unabänderliche nicht aufgeben; niemals! »Selbst wenn ich wüßte, daß morgen die Welt unterginge, würde ich heute noch ein Bäumchen pflanzen!« sagte Luther. Diese Einstellung ist wahrhaft jesuanisch und wahrhaft human dazu; sie ist von einer tiefen Liebe zum Leben und zur Menschheit getragen. Diese Liebe aber, verbunden mit der Tat, vermag selbst Harmageddon zu besiegen – wir Menschen müssen uns nur mit Herz und Verstand dazu bekennen. Dann werden die Worte der Propheten fruchtbare Warnungen bleiben; dann werden wir den Neujahrsmorgen des Jahres 2001 erleben, und die Zukunft kann licht sein!

Aber wir dürfen eben Fehlentwicklungen in der Politik, in der Theologie sowie im Bereich der Umwelt nicht länger dulden! Jeder einzelne muß sich dazu aufgerufen fühlen, sein Recht auf Leben und Zukunft wahrzunehmen; dafür einzutreten, es für sich, seine Familie und die Gesellschaft zu erstreiten. Zivilcourage, lebendige Demokratie, Großherzigkeit, Weltoffenheit, multikulturelles Denken und humane Visionen sind gefragt: ein Engagement für Hoffnung und Vernunft – und dies so kämpferisch wie möglich! Dann, aber auch nur dann, kann uns erspart bleiben, was der Mühlhiasl, Alois Irlmaier und andere in ihren »Wahr«-Träumen sahen. Dann werden die falschen Mächte gestürzt werden, so wie der Blinde Hirte von Prag und wiederum der Mühlhiasl es prophezeiten; dann wird das von ihnen ebenfalls geschaute »Friedensreich« (das freilich von Generation zu Generation neu errungen werden muß!) kommen.

Im zweiten Teil des vorliegenden Werkes wird noch ausführlicher auf die angesprochene Thematik eingegangen. Es sollte jedoch bereits in der Einführung klargestellt werden, daß es dem Autor nicht darum geht, Scharlatanerie zu betreiben oder gar verantwortungslos mit den Ängsten zumindest mancher Leser zu spielen. Vielmehr soll auf ehrliche Weise der Versuch gemacht werden, geistige und seelische Hilfestellung zu geben; ganz im Sinne der Hellseher selbst, die mit Sicherheit nicht zynisch verteufeln, sondern positiv warnen wollten.

Dies ist allerdings nur einer der Schwerpunkte im Sachteil des Buches, welcher insgesamt der Vertiefung des Abschnittes »Die Hellseher und ihre Prophezeiungen« dienen soll. Kurz sollen auf diesen einleitenden Blättern noch zwei weitere Themenkreise angerissen werden: Warum treten im geographischen Raum um den Bayerischen- und Böhmerwald die Menschen mit dem Zweiten Gesicht durch all die Jahrhunderte so auffallend häufig auf? Und was hat es mit der These des Volkskundlers Dr. Reinhard Haller aus Frauenau

16

auf sich, in der die reale Existenz des Mühlhiasl kürzlich bestritten wurde?

Ein »Bermuda-Dreieck« des Paranormalen in Mitteleuropa

Angenommen, sie hätten zur selben Zeit gelebt, dann wären sich vermutlich (fast) alle der in diesem Buch vorgestellten seherisch veranlagten Personen immer wieder einmal begegnet.

Im Vorwald bei Straubing wurde Matthäus Lang, vulgo Mühlhiasl, geboren; in seinen späteren Jahren durchstreifte er die noch wenig erschlossenen Forste bis hinauf zur böhmischen Grenze und vermutlich gelegentlich auch über diese hinaus. In Rabenstein bei Zwiesel ist der Stormberger greifbar; möglicherweise nur ein anderes Ich des Sehers von Apoig, vielleicht aber auch sein »Vorläufer«; auf jeden Fall wurzelt auch er im Wald, hörte auch er zeitlebens den Wind in den Wipfeln rauschen. Das gleiche gilt für den Blinden Hirten, der in Prag wohl nur ein kurzes Gastspiel gab, denn er mußte von Karl IV. im 14. Jahrhundert ausdrücklich dorthin gerufen werden. Auch seine Heimat und sein parapsychologisches Umfeld war die Šumava; eine bis heute lebendige tschechische Volksüberlieferung vermeldet es. Zwischen der böhmischen Metropole und dem Mittelgebirge trieb es nach denselben Traditionen die geheimnisvolle Sibylle um – und warum wohl stammt der »Anonymus« ausgerechnet aus dem Waldviertel und nicht etwa aus Niederösterreich oder aus Kärnten? Wäldler, egal ob böhmisch oder bayerisch, waren auch der Hirte Prokop und der Bauernknecht Sepp Wudy. Und eine Berlinerin, Hedwig Eleonore Seeler, scheint parapsychologisch »erweckt« worden zu sein, nachdem sie im Arbergebiet Mitte unseres Jahrhunderts eine zweite Heimat gefunden hatte.

Eine Ballung also »magischer« Fähigkeiten auf einem sehr engen (und unverwechselbaren) geographischen Raum. Nicht unmittelbar dort einordnen lassen sich lediglich die beiden Hellseher Alois Irlmaier und Bartholomäus Holzhauser; der eine stammte aus Freilassing in Oberbayern, der andere wurde in Salzburg zum Propheten. Es stellt sich die Frage, ob die enge Nachbarschaft zwischen den beiden genannten Städten nur Zufall ist, oder ob der Raum Salzburg-Freilassing eventuell auf dunkle, nur schwer erklärbare Weise etwas mit dem größeren »parapsychologischen Reservoir« weiter nördlich zu tun hat? Gibt es unter Umständen eine Kraftlinie von der Šumava zum Vorgebirge an der Salzach? Ist das mentale Biotop, in dem Irlmaier und Holzhauser wirkten, villeicht ein Ausläufer jenes anderen zwischen Donau, Regen und Moldau?

Nachdenkenswert ist auf jeden Fall eines: In keiner anderen mitteleuropäischen Region traten und treten die Propheten so häufig auf wie im (etwas erweiterten) Umfeld des Bayerischen- und Böhmerwaldes. Selbst die Lüneburger Heide, bekannt für die Spökenkieker[4], erreichte diese Bedeutung nie. Ohne jede lokalpatriotische Überheblichkeit kann deswegen gesagt werden, daß die Menschen rund um das altbayerisch-böhmisch-österreichische Grenzgebiet – um den steinernen »Zauberknoten« Dreisessel[5] – tatsächlich in einer Art »Bermuda-Dreieck« des Paranormalen leben. Hier und nirgendwo sonst mußten der Mühlhiasl und all die anderen geboren werden oder wirken. Genau hier fanden sie die für ihre Gabe oder ihren Fluch optimalen äußeren und inwendigen Bedingungen vor. Hier scheint es Brutstätten des Übernatürlichen und Kraftlinien des Phantastischen zu geben – und auch die möglichen Erklärungen dafür sind scheinbar übernatürlich und phantastisch.

Zweieinhalb Jahrtausende tief in der Zeit ist der Schlüssel vergraben; zusätzlich spielen heilige Steine, Quellen und unsichtbare Seen eine Rolle. Mehr darüber im Kapitel »Esoterische Aspekte der Prophetie«.

Das Phantom vom Straubinger Petersfriedhof

Ein Aufschrei ging im November 1993 durch Bayern.

Dr. Reinhard Haller, Lehrbeauftragter am Lehrstuhl für Volkskunde der Universität Passau, warf pünktlich zum Weihnachtsgeschäft sein Buch »Mühlhiasl – Vom Leben und Sterben des Waldpropheten« auf den Markt. In diesem Werk wird behauptet und angeblich nachgewiesen, daß es einen Hellseher Mühlhiasl nie gegeben habe; daß jener Matthäus Lang aus Apoig, der nach dem bisherigen Volksglauben der Mühlhiasl gewesen sein soll, in Wahrheit ein völlig unspektakuläres Leben geführt und keinerlei ungewöhnliche Fähigkeiten besessen habe.

Keineswegs, so Haller, sei Matthäus (oder auch Mathias) Lang als armer Tagelöhner durch den Bayerwald gezogen, nie habe er in Rabenstein als Aschenbrenner oder auf dem Hennenkobel[6] als Schachtenhirte gearbeitet. Vielmehr habe er sich nach dem Verlust seiner Apoiger Mühle als reputierlicher Gärtner in Straubing ansässig gemacht, wo er dann im April 1805 – und ohne daß sich irgend etwas Gespenstisches dabei ereignet hätte – auf dem Petersfriedhof beigesetzt worden sei.

Weil aber Matthäus (oder Mathias) Lang, so Haller weiter, niemals als Prophet aktenkundig geworden sei und man auch sonst nichts Dunkles und Geheimnisvolles an seiner Existenz entdecken könne, sei der »Mühlhiasl« nichts weiter als ein schillerndes Produkt der Volksphantasie. Er könne damit im November 1993 endlich für tot erklärt werden, nachdem er mehr als zwei Jahrhunderte lang sozusagen illegal durch Bayern gegeistert sei.

Verständlich, daß eine Welle der Empörung durch den Freistaat lief. Der Frauenauer Volkskundler wurde sogar massiv bedroht – was ganz sicher der falsche Weg war, seine Theorie anzugreifen. Falsch war aber auch, daß Dr. Reinhard Haller den Mühlhiasl in seinem Buch so schnöde sterben ließ; daß er einen Beweis

anzutreten versuchte, der – um es vorsichtig auszu-
drücken – in Wahrheit doch nicht ganz hieb- und stich-
fest ist.

Denn nicht der Mühlhiasl ist ein Phantom, sondern
Hallers Toter auf dem Straubinger Petersfriedhof. Der
Mann, der dort im April 1805 begraben wurde, hat mit
dem echten Hellseher nichts zu tun!

Im Kapitel »Der Mühlhiasl lebte!« trete ich den
Beweis für diese Behauptung an. Ich verspreche, daß
ich meinen Lesern den Waldpropheten, den man ihnen
wegzunehmen versuchte, zurückgeben werde.

Salzweg bei Passau, im Frühjahr 1994

Manfred Böckl

ERSTER TEIL

Die Hellseher und ihre Prophezeiungen

Der Mühlhiasl

Sein Leben und seine Zeit

Der Österreichische Erbfolgekrieg, unter dem die
bayerische Bevölkerung schwer zu bluten hatte, ist erst
seit wenigen Jahren beendet. Man schreibt den September 1753, als auf der Apoiger Klostermühle – nahe
des Fleckens Hunderdorf im Vorwald nordöstlich von
Straubing gelegen – der erste Schrei eines Neugebore-
nen ertönt.

Es handelt sich um das fünfte Kind der Müllersehe-
leute Mathias und Maria Lang, und am 16. September
1753 wird der Sohn im nahegelegenen Kloster Windberg auf den Namen Matthäus getauft. Ein Mensch, der
noch Jahrhunderte später von einer faszinierenden
Aura umgeben sein wird, ist damit – kirchenurkund-
lich verbürgt – ins Leben getreten.

Der Windberger Pater, der den Taufeintrag vor-
nahm, hieß Johann Nepomuk Altmann; er sollte dadurch im frühen 20. Jahrhundert in die Annalen der
bayerischen Mühlhiasl-Forschung eingehen. Doch davon ahnten weder er noch die übrigen Mönche auf dem
Klosterberg etwas zu jener Zeit, da der kleine Matthäus Lang allmählich heranwuchs. Über seine Kind-

heit und Jugend ist nichts Auffälliges bekannt; der Bub wird wohl anfangs eine ganz normale Entwicklung genommen haben, auch wenn seine außerordentliche Gabe sicherlich bereits in ihm schlummerte. Aber zunächst sah es ganz so aus, als würde Matthäus Lang sein Leben friedlich auf der Apoiger Mühle verbringen und auch vollenden.

Der Heranwachsende erlernte von seinem Vater das überkommene Handwerk und übernahm die Mühle mit den dazugehörigen landwirtschaftlichen Grundstücken am 23. Dezember 1778. Matthäus Lang war nun Stiftmüller des Klosters Windberg. Das heißt, er war den Mönchen zins- oder steuerpflichtig, mußte auch das Mehl für die Patres liefern, durfte ansonsten aber auch auf eigene Rechnung arbeiten. Daß er auf diese Weise wohlhabend geworden wäre, kann nicht behauptet werden. Die Abgaben an das Kloster waren bestimmt nicht niedrig; außerdem litt die Apoiger Mühle immer wieder unter unberechenbaren Überschwemmungen.

Doch der junge Müller schlug sich durch und heiratete am 24. Juli 1788, in seinem 35. Lebensjahr stehend, eine gewisse Barbara Lorenz aus Racklberg.

Acht Kinder wurden dem Paar zwischen 1789 (dem Jahr der Französischen Revolution) und 1800 geboren. Es scheint schwierig gewesen zu sein, sie durchzubringen, denn im Jahr 1799 mußte Matthäus Lang ein Darlehen in Höhe von 75 Gulden vom Kloster Windberg aufnehmen. Damit begann vermutlich die Katastrophe, die seinem Leben eine ungeheuerliche Wendung geben sollte.

Matthäus Lang, von den Nachbarn wie sein 1789 verstorbener Vater mittlerweile als Mühl-Hiasl bezeichnet, konnte seine Schuld bei den Mönchen nicht tilgen. Deswegen kam es im Jahr 1801, nach einem Rechtsstreit auch noch in einer anderen Sache, zum Zerwürfnis mit dem Windberger Kloster. Der Mühlhiasl verlor sein Anwesen und mußte zusammen mit seiner Familie Apoig verlassen. Es soll dabei (nicht erstmalig) eine handfeste Auseinandersetzung mit den Patres gegeben haben. Matthäus Lang schrie den Geschorenen zu, jetzt müsse er gehen – aber bald schon würden die Pfaffen selbst aus ihrem Kloster rennen müssen!

Im Verlauf der Säkularisation in Bayern, als die übermächtige katholische Kirche vom Staat teilenteignet wurde, traf die Prophezeiung des Mühlhiasl ein: Die Windberger Mönche wurden 1803 aus ihrem Kloster vertrieben, und der abgewirtschaftete Müller soll nach der Volksüberlieferung als lachender Zeuge zugesehen haben. Er soll damals noch einmal in Apoig-Windberg aufgetaucht sein, obwohl er seine dortige Heimat längst verloren hatte.

Wo aber hatte er eine neue Heimat gefunden? Und was war nach dem Fallieren[7] im Jahr 1801 aus ihm geworden?

Dr. Reinhard Haller stellt in seinem eingangs genannten Buch »Mühlhiasl – Vom Leben und Sterben des Waldpropheten« die These auf, Matthäus Lang habe sich zusammen mit seiner Familie als Gärtner in Straubing niedergelassen. Diese Theorie ist freilich (siehe Kapitel: »Der Mühlhiasl lebte«) bei genauerer Betrachtung nicht nachvollziehbar. In Wahrheit muß sich etwas ganz anderes zugetragen haben, und wir wollen deswegen lieber der Volksüberlieferung als dem Volkskundler folgen.

Matthäus Lang wurde nach 1801 zum Heimatlosen, zum Vagabunden, zum Wanderarbeiter. Er trennte sich von seiner Familie, entweder ganz oder zumindest periodisch, und durchstreifte den Bayerischen- und den Böhmerwald. Wahrscheinlich suchte er nach der Schande, die ihm durch die Windberger Mönche widerfahren war, die Einsamkeit der Natur: der Berge, Klüfte und Forste. Er tauchte ein in das Raunen und Weben des Ursprünglichen und Atavistischen, und im Verein mit dem existentiellen Schock, den er erlitten hatte, bildete sich seine Sehergabe wohl in diesen Jahren voll aus. Immer häufiger und drängender bestürmten ihn die Visionen; sie beutelten ihn, sie formten sein Sein um. Im Windwehen, im Nachtdunkel der Wälder, sehr nahe den archaischen Elementen geschah dies – doch dann wieder brach der Prophet aus der Vereinsamung aus; zu den Menschen trieb und peitschte es ihn, weil er eben dennoch ein Gegenüber brauchte.

Die wäldlerische Volksüberlieferung vermeldet es immer wieder: Wie ein Schrat konnte der Mühlhiasl auf irgendeinem Einödhof, in irgendeinem Weiler auftauchen, und dann raunzte er den oft verstörten Bauern seine Kernsätze entgegen; die grauenhaften Gesichte, in denen die Rede von entsetzlichen Entwicklungen und Katastrophen war. Und die Aussprüche des Matthäus Lang wurden bewahrt in den Insthäusern[8], auf den Sölden[9] und in den Stuben der Waldbauernhöfe; später dann sollten sie von Generation zu Generation weitergegeben werden.

Sie wurden aber auch weitergegeben dort, wo sich der Mühlhiasl – um der Notdurft des Leibes willen – für längere Zeit aufhielt; wo er als einfacher Tagelöhner für einige Wochen oder Monate für seinen Lebensunterhalt arbeitete. Zwei Dörfer vor allem sind in diesem Zusammenhang wichtig: Klautzenbach und Rabenstein, beide in der Nähe von Zwiesel gelegen. In Rabenstein, im Einflußbereich des Kißling'schen Glashüttengutes dort, kroch Matthäus Lang (den man nun nach seiner politischen Herkunftsgemeinde Steinberg wohl auch als »Stoaberger« oder »Stormberger« bezeichnete) oft bei einer gewissen Kleinbauernfamilie Buchinger unter und ging von deren Anwesen aus seinem Broterwerb nach. Als Aschenbrenner soll er für den Glasherrn tätig gewesen sein; zu anderen Zeiten das Gemeindevieh auf den hochgelegenen Schachten, den einsamen Waldweiden, am Hennenkobel oder am Hengstberg gehütet haben. Schachtenhirte war er zuweilen auch für die Bauern in Klautzenbach, und das Abgesondertsein vor allem bei diesem Dienste wird sicher seine parapsychologischen Fähigkeiten noch weiter verstärkt haben.

Er wurde zu einer geheimnisvollen »Institution« sowohl im Zwieseler Raum als auch allgemein im Waldgebirge und draußen im Donaugäu. Seine Zeitgenossen betrachteten ihn zunehmend mit heiliger Scheu, such-

29

ten gelegentlich seine Gesellschaft und baten ihn sogar um Rat, fürchteten ihn aber auch oder mieden ihn gar. So manche Legende wurde wohl schon zu seinen Lebzeiten um ihn gewoben; der Mühlhiasl selbst sorgte allerdings ebenfalls für einen solch magischen Nimbus.

Einmal, in einer Mettennacht, soll er in der Zwieseler Pfarrkirche auf einem Schemel aus neunerlei Holz gesessen haben: das Gesäß dem Altar und dem Priester zugekehrt. Und dann soll er zunächst diejenigen bezeichnet haben, die im neuen Jahr sterben würden; anschließend soll er seine große Prophezeiung vom Untergang der katholischen Religion aus sich herausgebellt haben.

Irgendwann während seines Waldhirten- und Aschenbrennerlebens soll er auch mit einem Bären zusammengeraten sein. Ein Arm, so der Volksmund, sei verkrüppelt geblieben, und die Aura um den Mühlhiasl sei danach noch unheimlicher und furchteinflößender gewesen.

Wann genau Matthäus Lang starb, ist nicht bekannt. Auf jeden Fall verlieren sich im ersten Drittel des 19. Jahrhunderts seine irdischen Spuren. Sein Todesdatum könnte unter Umständen ins Jahr 1809 fallen; bestimmte Indizien, die Haller gefunden hat, deuten darauf hin. Sicher ist nur eines: Selbst auf dem Weg zum Friedhof sorgte der Mühlhiasl noch einmal für Aufsehen.

»Ich komme euch als Toter noch aus!« hatte er den Buchinger-Leuten zu Rabenstein prophezeit, und als er bereits eingesargt war, wurden diese Worte wahr.

Langsam, mit knarzenden Achsen, näherte sich das Ochsenfuhrwerk von Klautzenbach her der Zwieseler Hammerbrücke. Die begleitenden Bauernweiber beteten wohl den Rosenkranz, die Männer fielen ab und an dumpf murmelnd ein. Die Holzkiste oben auf dem Gefährt war sicher einfach und schmucklos; arm, wie er seit 1801 gelebt hatte, hatte Matthäus Lang auch seinen letzten Gang angetreten. Dann trotteten die Rinder auf die bohlenbelegte Brücke – plötzlich scheuten sie, und der Wagen kippte. Der Sarg rumpelte herunter, krachte auf den Boden; der Deckel sprang ab. Mit dem halben Leib, den Arm wie zum Gruß hochgereckt, tauchte der Mühlhiasl noch einmal auf. Selbst als Leichnam hatte er scheinbar widerborstig aus der Rolle fallen müssen, um den Menschen noch einmal ein Zeichen geben zu können.

Die Rabensteiner, Klautzenbacher und Zwieseler Überlieferungen berichten, daß er schließlich außerhalb der Zwieseler Friedhofsmauer beigesetzt wurde: in einem Armengrab. Der damalige Kirchhof ist längst aufgelöst, an der Stelle der früheren Begräbnisstelle befindet sich heute das Areal um das Gasthaus Janka am oberen Stadtplatz von Zwiesel. Und der Ort, wo der Mühlhiasl ruht? Nun, es heißt, er liegt genau dort, wo in unseren Tagen das Kriegerdenkmal steht.

Unter einem eher scheußlichen Steinmonument, das mit ihm gewiß nichts zu tun hat, hat man den Waldpropheten verschwinden lassen, doch der Vergessenheit ist er dadurch keineswegs anheimgefallen. Seine Visionen und Gesichte blieben vor allem in Niederbayern lebendig, und im ersten Drittel des 20. Jahrhunderts setzte dann allmählich auch die Mühlhiasl-Forschung ein.

Der erste Wißbegierige, der sich wissenschaftlich mit Matthäus Lang beschäftigte, war ein gewisser Pfarrer Landstorfer aus Pinkofen/Eggmühl, der am 28. Februar 1923 folgenden Artikel im »Straubinger Tagblatt« veröffentlichte:

»Ein Zukunftsseher aus Großväterszeiten:
Matthias Lang, gen. ›der Mühlhias‹
aus Apoig.

Seit einem Jahrhundert schwirren durch die Nordgegenden von Niederbayern, angefangen vom Labertal und Gäuboden bis hinein nach Cham und Bodenmais von Mund zu Mund fliegende ›Prophezeiungen‹, abgerissen und zusammenhanglos, aber hartnäckig sich erhaltend und unausrottbar. Zukunftsverkündigungen von schwerem Ernst, denen der Anspruch anhaftet, die jetzige Gegenwart und Zukunft zeichnen zu wollen und die allgemein einem gewissen ›Mühlhiasl‹ zugeschrieben werden, von dessen Persönlichkeit und Lebensumständen aber kaum noch Bescheid zu erfragen ist.

Die alten Leute, die seine Äußerungen so oft mit drohender Überzeugtheit im Munde führten, sterben dahin und die jungen schüttelten sich bei diesen gruseligen Predigten unwillig ab und wünschten sie begra-

ben und vergessen. Es war aber auch zu unwahr-
scheinlich und unmöglich, was einem da zum Glauben
zugemutet worden wäre . . .«

Pfarrer Landstorfer leistete unbestreitbar viel für die
Mühlhiasl-Forschung, doch im letzten Satz seines Ar-
tikels irrte er: Die Prophezeiungen des Matthäus Lang
waren keineswegs unwahrscheinlich oder unmöglich!
Vieles von dem, was der Seher vorhersagte, ist mittlerweile Realität geworden . . .

Die großen Prophezeiungen
des Mühlhiasl

(Es werden zwei verschiedene Fassungen vorgestellt:

I ist zitiert nach Paul Friedl und Johann Evangelist Landstorfer.

II wurde erstmals im »Straubinger Tagblatt« vom 9. März 1923 veröffentlicht und basiert auf mündlicher Überlieferung.)

I

Eine Zeit kommt, wo die Welt abgeräumt wird und
die Menschen wieder wenig werden.

*

Wird ein großer Krieg kommen.
Ein Kleiner fängt ihn an und ein Großer,
der übers Wasser kommt, macht ihn aus.

*

Da wird aber zuerst eine Zeit sein, die dem
großen Krieg vorausgeht und ihn herbeiführt.

*

Wenn die Bauern mit gewichsten Stiefeln
in die Miststatt hineinstehen.

*

Wenn sich die Bauernleut' gewanden wie die
Städtischen und die Städtischen wie die Narren.

*

Wenn erst die Rabenköpf' kommen.

*

Wenn die Männerleut' rote und weiße
Hüte aufsetzen.

*

Wenn die farbigen Hüt' aufkommen.
Wenn d'Leut' rote Schuh' haben.

*

Wenn die Weiberleut auf den Straßen
daherkommen wie die Gäns' und Spuren
hinterlassen wie die Geißen.

*

Wenn man Männlein und Weiblein zuletzt
nicht mehr auseinanderkennt.

*

Nachher ist's nimmer weit hin.

*

Wenn d 'Bauernleut' lauter Kuchen fressen.

*

Wenn Bauernleut' d 'Henndl und
Gäns selber fressen.

*

Wenn d'Bauern alle Grenzraine umackern
und alle Hecken aushauen.

*

Wenn d'Bauern alle politisieren.

*

Wenn alles drunter und drüber geht.

*

Nachher ist die Zeit da.

*

*Alles nimmt seinen Anfang, wenn ein großer
weißer Vogel oder Fisch über den Wald fliegt.*

*

*Wenn die schwarze Straß' von Passau
heraufgeht.*

*

*Wenn die schwarze, eiserne Straß' über die
Donau herüberkommt und ins Böhm hineinläuft.*

*

*Wenn der eiserne Hund in der Donau
heraufbellt.*

*

*Wenn im Vorwald eine eiserne Straß' gebaut wird,
und wenn sie fertig ist.*

*

Wenn d 'Leut' in der Luft fliegen können.

*

Wenn die Wägen ohne Roß und Deichsel fahren.

*

Wenn die meisten Leut' mit zweiradeligen
Karren fahren, so schnell, daß kein Roß
und kein Hund mitlaufen kann.

*

Wenn man Winter und Sommer
nimmer auseinanderkennt.

*

Wenn die kurzen Sommer kommen.

*

Nachher steht's nimmer lang an.

*

Zuerst kommen die vielen Jubiläen.
Überall wird über den Glauben gepredigt,
überall sind Missionen, kein Mensch
kehrt sich mehr dran.

*

Die Leut' werden erst recht schlecht.

*

Die Religion wird noch so klein, daß man's
in einen Hut hineinbringt.

*

Der Glaub'n wird so dünn, daß man ihn
mit der Geißel abhauen kann.

*

*Über den katholischen Glauben spotten
am meisten die eigenen Christen.*

*

*Den Herrgott werden sie von der Wand reißen
und im Kasten einsperren.*

*

*Kommt aber eine Zeit, da werden sie ihn wieder
hervorholen, aber es wird zu spät sein,
weil die Sach' ihren Lauf nimmt.*

*

*Wann es kommt? Eure Kinder werden es nicht
erleben, aber eure Kindeskinder bestimmt.*

*

*Vom Osten her wird es kommen
und im Westen aufhören.
Dann kommt der Krieg und noch einer,
und dann wird der letzte kommen.*

*

*Gesetze werden gemacht, werden aber
nicht mehr ausgeführt.*

*

Das Gold geht zu Eisen und Stahl.

*

*Um ein Goldstück kann man noch
einen Bauernhof kaufen.*

*

*S'Holz wird so teuer wie der Zucker,
aber g'langen tut's.*

*

Einerlei Geld kommt auf.

*

*Geld wird gemacht, so viel, daß man's gar
nimmer kennen kann. Wenn's gleich lauter
Papierflanken sind, kriegen die Leut'
nicht genug daran.*

*

Bal 's angeht, ist einer über dem anderen.

*

Raufen tut alles.

*

Wer etwas hat, dem wird 's genommen.

*

In jedem Haus ist Krieg.

*

*In den Städten wird alles drunter
und drüber gehen.*

*

Kein Mensch kann mehr dem anderen helfen.

*

Sie werden sich Zäune ums Haus machen
und auf die Leute schießen.

*

Die reichen und noblen Leut' werden
umgebracht. Wer feine Händ' hat,
wird totgeschlagen.

*

Der Stadtherr läuft zum Bauern aufs Feld und sagt:
Laß mich ackern! Der Bauer erschlägt ihn
mit der Pflugreut'n.

*

Wenn die Fledermaus auf dem Geld erscheint, dann
geht es zum zweiten großen Krieg.

*

Zuvor werden viele Häuser gebaut wie Paläste,
für die Soldaten, und dann werden einmal die
Brennesseln aus den Fenstern wachsen.

*

Das wird aber auch eine Zeit sein, da man um
200 Gulden keinen Laib Brot bekommt.
Aber eine Not wird doch nicht sein.

*

Wenn also das alles sich eingestellt hat,
dann nunmehr, dann kommt's.

*

Die Kleinen werden groß und die Großen klein,
und da wird es sich erweisen, daß der
Bettelmann, wenn er aufs Roß kommt,
nicht zu derreiten ist.

*

Ein strenger Herr wird kommen und ihnen
die Haut abziehen und ein strenges
Regiment führen.

*

Dann wird es wieder losgehen, und es
wird schrecklich.

*

Jeder wird einen anderen Kopf aufhaben, und eins
wird das andere nicht mehr mögen.

*

Der Bruder wird den Bruder nicht mehr kennen und
die Mutter die Kinder nicht.

*

Gesetze werden gemacht, die niemand mehr achtet,
und Recht wird nimmer Recht sein.

*

Niemand denkt dran, daß die Geißel Gottes kommt.
Und so wird der Jammer groß sein.

*

Die Rotjankerl werden auf den neuen Straßen
herankommen. Aber über die Donau
kommen sie nicht.
Soviel Feuer und Eisen hat noch kein
Mensch gesehen.

*

Kommt aber auch wieder eine gute Zeit, und die
Leute werden fressen und saufen vom Überfluß.

*

Nach dem Krieg meint man, Ruh' ist,
ist aber keine. Die hohen Herren sitzen
zusammen und machen Steuern aus.

*

Nachher steht's Volk auf.

*

Der letzte Krieg wird der Bänkeabräumer sein.

*

Er wird nicht lange dauern.

*

Es wird so schnell gehen, daß kein Mensch es
glauben kann, aber es gibt viel Blut und Leichen.

*

*Es wird so schnell gehen, daß einer, der beim
Rennen zwei Laib Brot unterm Arm hat und einen
davon verliert, sich nicht darum zu bücken braucht,
weil er mit einem Laib auch langt.*

*

*Aber dann werden sie Steine zu Brot backen
und Brennesseln essen.*

*

*Die wenigen, die übriggeblieben, werden
sich schutzsuchend aus der ganzen
Umgebung innerhalb der Windberger
Klostermauern sammeln.*

*

*Alles wird dann durcheinander sein.
Wer's überlebt, muß einen eisernen Kopf haben.*

*

*Es wird nichts helfen, wenn auch die Leute
wieder fromm werden und den Herrgott wieder
hervorholen. Sie werden krank, und
kein Mensch kann ihnen helfen.*

*

*Im ganzen Wald wird kein Licht mehr brennen,
und das wird lange dauern.*

*

*Es wird erst vorbei sein, wenn kein
Totenvogel mehr fliegt.*

*

Nachher sind die Leute wenig.

*

Auf d'Nacht zündet einer ein Licht an, schaut,
wo noch jemand eins hat.

*

Wer eine Kronwittstaude sieht, geht drauflos,
ob's nicht ein Mensch ist.

*

In dieser Zeit wird das Geld so knapp,
daß man sich um einen Goldgulden
eine Kuh kaufen kann.

*

Das Bayerland im besonderen wird verheert
und verzehrt von seinem eigenen Herrn.
Am längsten wird's stehn,
am schlechtesten wird's ihm gehn.

*

Wenn man am Donaustrand und im Gäuboden eine
Kuh findet, der muß man eine silberne
Glocke anhängen.

*

Ein Roß, dem muß man ein goldenes Hufeisen
hinaufschlagen.

*

Im Wald drinnen krähen noch Gickerl.

*

Der Fuhrmann haut mit der Geißel auf die
Erde nieder und sagt: Da hat die
Straubinger Stadt gestanden.

*

Nachher, wenn die Welt abgeräumt ist,
kommt eine schöne Zeit.

*

Die es überstanden haben, werden sich grüßen:
Bruder, lebst du auch noch?

*

Das wird nicht nur bei uns, sondern auf der
ganzen Welt so sein, und Recht wird
wieder Recht sein, und der Friede wird
tausend Jahre gelten.

*

Aber einmal – und das ist weit – wird man
Sommer und Winter nicht mehr
auseinanderkennen, und die Sonne
wird nicht mehr scheinen.

*

Dann alles hat ein End, auch diese Welt.

*

II

»Merkt euch das und sagt es euren Kindern; denn die
Kindeskinder erleben einmal die Zeit, wann die Welt
abgeräumt wird. Zuvor kommen aber noch viele Anzeichen und zwar:

Kreuz und quer laufen schwarze Straßen; ein
Dampfroß fährt über die Donau; die Leute fahren
ohne Roß und Wagen, sie fliegen in der Luft wie die
Vögel, schwimmen im Wasser wie die Fische, schwat-
zen sich bei stundenweiter Entfernung in die Ohrwa-
schel und gwandten sich wie Narren. Die Landleute
wie die Stadtleute tragen spitze Schuhe mit sehr hohen
Absätzen; sie wissen gar nicht gescheit zu gehen mit
diesen Schuhen, aber getragen werden sie doch. Bau-
ernknechte und Handwerksburschen sitzen einmal in
der Regierung drin. Der Glauben ist miserabel klein;
man ruckt kaum mehr den Hut vor den geistlichen
Herren, auch nicht einmal mehr, wenns im weißen
Rock sind und den Leuten begegnen.

Wenn dies alles geschieht, dann kommt das Weltabräumen. Im Allerweltskrieg werden aber die Leut
nicht besser, im Gegenteil noch viel schlechter. In

diesem Krieg werden die Leute viel schikaniert; sie sind sogar über ihre eigene Sach' nicht mehr Herr, bekommen für Geld allein nichts mehr, sondern müssen einen Ausweis in der Hand haben. Dieser Krieg dauert lang, aber über Nacht ist's gar. Die Leute mögen nicht mehr und Volk wie Soldat sind eines Sinnes.

Dann sitzen die Großen immer beisammen und ›machen alleweil aus‹; aber – ausmachen können sie nichts mehr.

Dann kommt mal eine Zeit, da gibt's recht steinreiche Leute, aber auch recht bitterarme. Auf dem Gäuboden entstehen viele schöne Häuser, weil dort einige so viel Geld haben, ganze Streukörbe voll. Sie wissen nicht, was sie mit dem Geld anfangen sollen und bauen sich dann schöne Häuser, lauter ›rotdachige‹.

Die Armen aber sind nicht deswegen so arm, weil nichts da ist, sondern die Sache ist da; aber es geht nichts mehr auseinander, es geht nimmer richtig zu. Der große Reichtum ist kein echter, er ist aber auch nicht lange von Bestand; denn, sagte der Mühlhiasl, wenn einmal der ganze Gäuboden prangt vor lauter schöne weiße Häuser mit roten Dacheln, dann kommen bald die ›Rotkapperl‹. Über den Pilgramsberg kommen sie her und auf dem flachen Land reichen sie sich die Hand. Dann gehts über den Donaustrom hinunter, es geht schnell – aber wild wird gehaust und auf dem ganzen Lande findet man kaum mehr eine Kuh oder ein Pferd.

Von den schönen Häusern werden mal die Bramdornen rauswachsen. Es müssen sich die Leute verstekken, wenn die Rotkapperl da sind; es sind keine echten Krieger. Viele Leute werden aber von ihrem Versteck herausgeholt, denn alles wird verraten. Es geht schnell, sehr schnell. Wenn's in Straubing beim oberen Tor einziehen, wissen d'Leut beim unteren Tor noch nichts. Mit drei Laib Brot kommt ein's aus. Die Leute werden aber so wenig, so viel sie zuvor waren und sie haben sich hernach so gerne, wie sie sich zuvor haßten. Nach dieser großen Weltabräumung gehen viele von ihrem Heim weg und siedeln sich auf schönen Plätzen an. Auch an ihren Häusern, die sie verlassen haben, werden mal die Brennessel rauswachsen.

Dies, sagte er, wird alles bestimmt kommen, ›Lacht mich nur nicht aus! Euere Kindeskinder werden einmal nicht mehr lachen.‹ Einige erleben dann wieder gute Zeiten. Es sind lauter solche, die da noch da sind mit eiserne Köpf! Denn viele werden durch Krankheit weggerafft!«

Spezielle Prophezeiungen
des Mühlhiasl

(Zitiert nach Paul Friedl, Reinhard Haller, Wolfgang
Johannes Bekh und Jules Silver.)

Gerad so, wie ihr jetzt mich hinaustut,
tun sie bald euch selber hinaus.
Ich kann gehen, ihr aber müßt laufen.
Ich darf wieder herein, aber ihr dürft nicht
mehr herein, und zu euren Fenstern
schauen Weiber und Kinder heraus.

(Dies soll der Mühlhiasl zu den Mönchen in
Windberg anläßlich seiner Vertreibung gesagt haben.
Kurz darauf wurde das Kloster säkularisiert.)

*

Die schwere Zeit wird anfangen, wenn auf dem
Zwieseler Kirchturm die Bäume wachsen.

*

Wenn auf dem Zwieseler Kirchturm die Bäum'
wachsen, dann geht es an.
(Diese Prophezeiung ist 1914 eingetroffen.)

*

Wenn ein Hirte einen Stein nach einer
Goaß wirft und der Stein später einmal
mehr wert ist wie die Goaß.

*

In Lintach wird alles voll Häuser und
Lehmhütten ang'schlöttet, aber nachher
wachsen einmal Brennessel und
Brombeerdörn zu'n Fenstern außer.

*

Der Gäuboden prangt mit schneeweiße Häuser.

*

Grod vor Klautzenbach vorbei wird
da eiserne Hund bell'n.

*

In da Schwarzach wird a eiserne Strass'n baut,
wird aber nit fertig werd'n.

*

In Zwiesl wird a gross Schulhaus baut, für dö
Soldaten. Alles wird voll Häuser sein, aber einmal
werdn dö Brennessl aus dö Fenster wachs'n.

*

Wenn sie in Straubing über die Donau die große
Brücke bauen, so wird sie fertig, aber nimmer ganz;
dann geht's los.

*

Vom Hennerkobel bis zum Rachel wird ma durch
koan Wald mehr geh'n müssn.

*

Ein grausamer Krieg wird ausbrechen.
Blutrot wird es zugehen. Sogar die Totenschädel
werden noch keine Ruhe geben und aufeinander
keifen und einander beißen.

*

Über den Hennerkobel und über den Falkenstein
werden sie kommen.

*

Das Bayerlandl wird verheert und verzehrt,
dös Böhmerlandl mit'm Bes'n auskehrt.

*

Über die Brück, den schwarzen Regen,
werden Soldaten reiten.

*

Dann wird der Teufel ohne Füße und Kopf
über das Waldgebirg' reiten. Er wird alle
Farben haben und sein wie Glas.

*

Ein rauschendes Blutbachl wird getal rinnen,
das wird die morschen Mühlräder wieder
aufschrecken, die im Geröll ausgetrocknet
und in wildklustigen Rinnen erdürstet sind.

*

*Die Mühlräder werden auf ein Zeitl noch einmal
zu werkeln anfangen und die grauen, steinmüden
Mühlen für ein Weierl wieder wackeln.*

*

*Dö letzte Schlacht wird sein vom Kalten Baum
bis zum Schwarzen Wasser, dort, wo dö
Kirch' verkehrt steht.*

*

(In Freyung schaut der Altar einer Kirche nach
Osten,
anstatt – wie üblich – nach Westen.)

*

*Die Leut vom Forellenwasser, die sich am
Fuchsenriegel und am Falkenstein verstecken,
werden gut überdauern.*

*

*Versteckt euch in den Wäldern im Perlbachtal
und beim Buchberg, auf der Käsplatt'n
bei Englmar und im Bergwerk zu Bodenmais;
im Gäu draußen in den Kornmanndln.*

*

*Wenn dann im (Donau-)Ried der erste Rauch
aufsteigt, ist es überstanden.*

*

*Hernach werden die Mannsbilder so wenig sein,
daß sie mitsammen unter einer Birke stehen können.*

*

Neunundneunzig Weiber werden um einen
einzigen Mannshaxen raufen.

*

Je mehr einer Händ' hat, um so besser ist es.

*

Wer ein Haus will und Grund, der kriegts geschenkt.

*

Die Kränk, die Leut und Kinder verderbet,
wird nit mehr sein.

*

Der Wald wird öd werden ohne Hunger
und ohne Sterb.

*

Der Stormberger

Sein Leben und seine Zeit

»*Mit Gott dem Anfang dis Jahr 1766 hat der Schmelzer an Flus ausgebrendt, den 18. Jenner Starnberger 444 Pfund: den 25. Jenner Starnberger 380 Pfund: den 1. Februar Starnberger 365 Pfund:*«

Dies ist das älteste schriftliche Zeugnis, das über den Waldpropheten Starnberger, Sturmberger oder Stormberger (auf die verschiedenen Schreibweisen seines Namens soll später noch eingegangen werden) existiert. Die nicht ganz leicht verständliche Passage in einem Schreibkalender der Rabensteiner Glashütte besagt, daß der Aschenbrenner Starnberger in der Zeit von Mitte Januar bis Anfang Februar 1766 recht fleißig war; insgesamt 1189 Pfund des Rohmaterials, aus dem dann die begehrte Pottasche gewonnen und bei der Glasherstellung verwendet wurde, lieferte er seinem Hüttenherrn.

Doch darauf beschränkten sich die Fähigkeiten des Andreas Starnberger beileibe nicht. Neben dem Mühlhiasl ist er der bekannteste Hellseher des Bayerischen Waldes – und ebenso wie bei dem Apoiger Müller ist sein Leben über weite Strecken hinweg von einem Geheimnis umgeben. Immerhin können aber – über die Glashüttenabrechnung von 1766 hinaus – einige Daten seiner Existenz fixiert werden.

Wenn Andreas Starnberger im genannten Jahr als »gestandener« Aschenbrenner arbeitete, dann muß er irgendwann in der ersten Hälfte des 18. Jahrhunderts geboren worden sein. Darin unterscheidet er sich vom Mühlhiasl, der ja erst kurz nach dem Österreichischen Erbfolgekrieg zur Welt kam. Andreas Starnberger könnte seine Kindheit ungefähr in jenen Jahren verbracht haben, da in Preußen der junge König Friedrich II. (der spätere Große) zur Macht kam und gleichzeitig in Österreich Maria Theresia auf den Thron gelangte. Das genaue Geburtsdatum freilich bleibt im Dunkeln; »nur« Volksüberlieferungen wiederum gibt es über die Herkunft des Stormberger.

Auf dem Storm-Hof bei Zelezna Ruda/Böhmisch Eisenstein soll er gezeugt worden sein; der Vater sei der Storm-Bauer gewesen, die Mutter eine ledige Dienstmagd. Als Kleinkind dann sei Andreas ausgesetzt worden; dem Verhungern habe man ihn anheimgeben wollen, aber Zigeuner, Bärentreiber-Leute, hätten sich seiner angenommen. Die sollen ihn über die Grenze nach Bayern gebracht haben, aber dort habe ein neuer Schlag das Kind getroffen. Entweder nämlich seien seine Zieheltern auf gewaltsame Weise ums Leben gekommen, oder aber auch sie hätten den Buben verstoßen – auf jeden Fall sei er dann im Urwald in der Zwieseler Gegend von Holzhauern aufgefunden, gerettet und großgezogen worden. Auch solle ein zahmer Bär, der das hilflose Kind in der Wildnis bewacht habe, mit im Spiel gewesen sein.

Dies ist die Herkunfts-Legende (?) des Andreas Starnberger; im Jahr 1766 wird der Hellseher als Aschenbrenner für die Rabensteiner Glashütte greifbarer. Doch noch ein anderes Dokument aus dem 18. Jahrhundert gibt ihm schärfere Konturen: Der Bayerwald-Dichter und Heimatforscher Paul Friedl (»Baumsteftenlenz«) erwähnt ein Aktenstück des damaligen Landgerichts Zwiesel, in dem vermerkt ist, daß ein Stormberger von Rabenstein wegen Vagabundierens und Wahrsagens vermahnt worden sei.

Mündliche Quellen (zitiert nach Haller) geben weitere Details an. Der Starnberger oder Stormberger soll zunächst Hüterbub in Rabenstein bei Zwiesel gewesen sein; später soll er als Schachtenhirte für die Rabensteiner und Klautzenbacher Bauern gearbeitet haben. Hier deckt sich die Tradition auffallend mit der Mühlhiasl-Geschichte, und dasselbe gilt für den bevorzugten Wohnort des Stormberger: Im Buchinger-Anwesen zu Rabenstein habe er sich oft aufgehalten. Von dort aus sei er dann später auch seinem Broterwerb des Aschenbrennens nachgegangen.

Verheiratet sei der Stormberger nicht gewesen, habe vielmehr als Sonderling und Eigenbrötler gegolten, und irgendwann einmal sei er von den Rabensteinern vertrieben worden. Wieder als Hüter habe er einige Zeit in Bogen und Pilgramsberg gelebt, doch auch dort habe er sich unbeliebt gemacht – und man habe ihm zuletzt nicht einmal mehr einen Teller Suppe geben wollen. Schließlich sei er zu den Buchinger Leuten nach Rabenstein heimgekehrt und dort auch verstorben.

Auch sein Todesjahr liegt im Dunkeln. Der Volksmund behauptet lediglich, er sei gut hundert Jahre alt geworden. Zuletzt – und das müßte dann wohl schon in der Mitte des 19. Jahrhunderts, vielleicht zur Zeit der 1848er Revolution, gewesen sein – sei er noch einmal in den Wald gegangen und sei nicht mehr zurückgekommen. Holzhauer hätten ihn tot aufgefunden, und er sei gleich an Ort und Stelle beigesetzt worden.

In etwa so könnte sich das Leben des Andreas Starnberger abgespielt haben, und nach einigen Überlieferungen soll er bereits als Bub prophezeit und die Menschen damit erschreckt haben. Auf jeden Fall ging er als Wahrsager und Hellseher in die Geschichte des Bayerwaldes ein; zuzeiten stand er an Berühmtheit darin dem Mühlhiasl keineswegs nach. Und auch um seine Person ranken sich auffallend detaillierte Erinnerungen, wie sie hinsichtlich besonders faszinierender Menschen typisch sind.

Auf der »Ochsen-Eben« unter dem Hennenkobel gibt es einen Felsen, der wie ein Kanapee geformt ist. Dort soll der Stormberger oft geschlafen oder meditiert haben.

Sein Verhältnis zu Frauen soll eher gestört gewesen sein; manchmal habe er es direkt darauf angelegt, sie mit seinen Prophezeiungen zu erschrecken. Aber auch die Männer waren offenbar nicht immer vor ihm sicher.

Redete ihn irgendein Waldler dumm an, dann konnte es schon geschehen, daß der Hellseher dem anderen brutal den Zeitpunkt seines Todes bekanntgab.

Ein »Schwarzbüchl« soll der Andreas Starnberger besessen haben; hatte angeblich auch die »schwarze Schul« studiert. Und vielleicht war es ja wirklich so, daß er durch gewisse Kontakte zu Sinti und Roma auch nach seiner Kindheit noch die Gabe vertieft hatte, die ihm angeboren war.

Ein sogenanntes Initiationserlebnis[10] soll dem Waldpropheten am Stadtrand von Zwiesel widerfahren sein: dort, wo heute die Schnapsbrennerei Hieke steht. Dort habe er in einer Rauhnacht einen magischen Kreis gezeichnet und habe darin drei Geheimnisvolle beschworen. Sie hätten ihm die Frage gestellt, was er am liebsten wolle: Geld, Sach oder Zukunft. Und der Stormberger habe das Wissen um die Zukunft von ihnen verlangt.

Aber auch einen Erdspiegel habe der Stormberger zuzeiten benutzt; der sei drei Tage und Nächte unter einem Kreuzweg vergraben gewesen und habe dem Propheten sodann als spezielle »Kristallkugel« gedient. In diesem Spiegel habe der Seher vor allem erkennen können, wenn jemand eine Bosheit gegen ihn plante.

Noch eine weitere erstaunliche Fähigkeit schreibt der Volksmund dem Aschenbrenner und Schachtenhirten zu: Mit Hilfe eines Feuers, wobei er zusätzlich bestimmte Riten praktizierte, habe er das Wetter positiv oder negativ beeinflussen können.

Der Volkskundler Dr. Reinhard Haller erwähnt in seinem Stormberger-Buch (siehe Literaturverzeichnis) neben den genannten Überlieferungen auch eine ganz konkret eingetroffene Weissagung des Andreas Starnberger. In Bodenmais hat sich der Fall zugetragen; beim Brem-Jogl. Dort war Kindstaufe, und der Waldprophet begann plötzlich zu sprechen: »*Ich muß es euch schon sagen! Euer Bub ist nicht gut geboren! Der geht einmal auf ein schneidendes Geschirr auf und ist tot! Wird schon ein wenig alt, aber er geht auf ein schneidendes Geschirr auf und ist tot!*« Im Alter von 20 Jahren dann geriet der Brem-Sohn in eine Rauferei und wurde erstochen.

Aber auch nach dem eigenen Tod soll der Stormberger noch »umgegangen« sein; soll er manchen Leuten erschienen sein. So etwa einer Strickerin aus Zwiesel, die im Rabensteiner Wald Heidelbeeren suchte. Unversehens sah sie den Verstorbenen auf einem Baumstock sitzen, und nachdem er die Verstörte beruhigt hatte, wiederholte der Stormberger ihr noch einmal alle Prophezeiungen, die er zu seinen Lebzeiten getan hatte. Zuletzt kündigte er der Frau an: »Du wirst es nimmer erleben und deine Kinder auch nicht, aber deine Kindeskinder werden es erleben, was ich dir jetzt verzählt hab!« Und dann sei der Unheimliche wieder verschwunden.

Dieser letzte Ausspruch des Andreas Starnberger deckt sich fast wörtlich mit einem anderen, den der Mühlhiasl getan haben soll. Da es auch sonst eine ganze

Reihe von Duplizitäten gibt, stellt sich beinahe zwangsläufig die Frage, ob die Propheten etwa in Wahrheit identisch waren. Bestimmte Mühlhiasl/ Stormberger-Forscher vertreten diese Ansicht sehr kämpferisch; andere wieder beharren eisern darauf, der Apoiger sei der Hellseher des Vorwaldes gewesen, der Stormberger vor allem der Visionär des Zwieseler Raumes. Ja, es wird von besonders kriegerischen Naturen sogar behauptet, daß entweder der Apoiger oder aber der Rabensteiner gar nicht existiert hätten; daß mit dem einen jeweils nur immer der andere gemeint sei – je nach lokalpatriotischem Standpunkt.

Dabei ist die Lösung des Rätsels eigentlich ganz einfach, wenn man sich von beiden Theorien löst und einer dritten folgt.

Sowohl Andreas Starnberger als auch Matthäus Lang haben gelebt und haben paranormale Fähigkeiten besessen. Andreas Starnberger war, wie der Eintrag im Rabensteiner Hüttenbuch zeigt, älter als Matthäus Lang; er wirkte vor allem im Zwieseler Raum. Matthäus Lang tauchte später dort ebenfalls auf, nachdem er von seiner Apoiger Mühle vertrieben worden war. Im Waldgebirge trug er aber nach seiner politischen Herkunftsgemeinde den Beinamen Stoaberger, so wie ich dies auch in meinem Roman »Mühlhiasl – Der Seher vom Rabenstein« geschildert habe.

Als Stoaberger oder Stormberger ging der Apoiger Mühlhiasl in die Überlieferung des Hinteren Bayerischen Waldes ein – aber auch die Erinnerung an Andreas Starnberger (manchmal schlampig auch »Sturmberger« geschrieben) war dort noch vorhanden und lebendig.

Und nun veränderte sich eben der historisch nachweisbare ursprüngliche Name Starnberger – weil der andere im Volksbewußtsein existierende Hellseher ähnlich hieß – allmählich über Sturmberger zu Stormberger. Er deckte sich damit zuletzt völlig mit dem Beinamen, den der Mühlhiasl im Hinteren Wald getragen hatte. Die Grenzen verwischten sich sozusagen; selbst der gesicherte Vorname Andreas des Aschenbrenners Starnberger wurde im Lauf dieser Entwicklung zu Matthias oder Matthäus; der eine »Stormberger« glich sich dem anderen Stormberger auch hier an.

Am Ende war aus den beiden Propheten der eine Zwieseler/Rabensteiner Stormberger geworden, während sich im Gegensatz dazu die unverfälschte Mühlhiasl-Tradition im Vorwald und im Niederbayerischen Hügelland erhielt.

Der Mühlhiasl wäre also sozusagen »Stormberger II.« gewesen. Weil sich nun vor allem im Hinteren Bayerischen Wald die beiden historischen Personen überlappten, wurde bald auch zwischen den Vorhersagungen der beiden Stormberger nicht mehr so genau unterschieden. So manches, was der eine prophezeit hatte, wurde im Lauf der Jahrzehnte auch dem anderen zugeschrieben, und daraus entstand zuletzt der Wissenschaftler-Streit. Doch die unterschiedlichen Lebensdaten sowie die beiden Geburtsnamen Andreas Starnberger und Matthäus Lang zeigen zwingend auf, daß es zwei eigenständige Hellseher gegeben haben muß, deren Wege sich allerdings in Rabenstein kreuzten. Ja, vielleicht haben sie sich sogar noch persönlich gekannt und haben ihr »Geheimwissen« ausgetauscht, ehe sie später partiell zum Waldpropheten Stormberger verschmolzen.

Auf jeden Fall bringt die angebotene Theorie alle bisherigen Thesen unter einen Hut – und dies bedeutet unter anderem: Es hat neben dem Mühlhiasl von Apoig auch den Hellseher Starnberger, Sturmberger oder Stormberger gegeben, und vorzugsweise in Rabenstein hat auch er seine Mitmenschen in die Zukunft schauen lassen.

Die großen Prophezeiungen
des Stormberger

(Teils vom Autor gesammelt, teils zitiert nach Paul Friedl oder Reinhard Haller.)

Ihr lieben Leut, es wird eine Zeit kommen,
da werden die Leut alleweil gscheiter
und närrischer werden.

*

Wenn ihr wüßtet, was euch, euren Kindern
und Kindskindern bevorsteht, ihr würdet
in Schrecken vergehen.

*

In den Wald hinein bellt ein eiserner Hund.

*

Es wird ein eiserner Vogel hereinfliegen, und auf den
Straßen werden die weißen Gäns daherkommen.

*

Eiserne Straßen werden in den Wald gebaut,
und grad an Klautzenbach vorbei wird
der eiserne Hund bellen.

*

*In Zwiesel wird ein Haus gebaut, wo die
Fenster verkehrt drinnen sind.*

*

*Die Häuser werden vom Boden herauswachsen
wie die Schwammerl.*

*

*In Zwiesel werden so große Häuser gebaut werden,
daß man über die ganze Stadt drüberschaut.
Werden aber nicht lange stehen und
werden zerstört werden.*

*

*Auf dem Zwieseler Kirchturm werden Birken
wachsen. Die werden so lang wie Fahnenstangen,
und dann kommt die Zeit.*

*

*Wenn der Wald ausschaut wie dem Bettelmann
sein Rock, dann kommt die Zeit.*

*

*Die Leut' werden im Sommer mit den
Fuchspelzen daherkommen.*

*

*Wenn das Korn reif ist, wird ein
großer Krieg kommen.*

*

*In den Glaserhäusern werden die Brennesseln
zu den Fenstern herauswachsen.*

*

*Zuerst geht der Krieg hin, dann geht er her.
Zuletzt kommt ein großer Herr übers
Wasser und haut ihn hinaus.*

*

*Eine große Teuerung wird kommen, daß sich der
Kleine das Brot nicht mehr kaufen kann.*

*

*Recht wilde Leut' kommen herein
und vernichten alles.*

*

*Zwei Holzhauer sitzen auf einem Stock und dürfen
einander nicht trauen.*

*

*Dann wird es sich erweisen, daß der Bettelmann auf
dem Roß nicht zu derreiten ist.*

*

*Ein recht strenger Herrscher steht auf in
Deutschland, der wird aber nicht lange regieren.*

*

*Deutschland wird eine große Macht sein,
daß sie noch nie so groß war. Und wird wieder
so klein, daß sie noch nie so klein war.*

*

Ein strenger Herr wird ans Ruder kommen und den
armen Leuten die Haut abziehen. Er wird aber
nicht lange regieren und wird wieder fort sein.

*

Dann ist Deutschland so klein, daß es unter
einem Lindenbaum unterstehen kann.

*

Dann geht's wieder von vorn an.
Danach wird der Glaube wieder so groß
und christlich wie noch nie.

*

Dann kommen die Goldjahre.

*

Der Mittelstand wird noch ganz ausgerottet.

*

Es gibt dann bloß mehr Arme und Reiche.
Es werden große Häuser gebaut werden.
Aber die Besitzer möchten gerne mit dem
Häus'lmann tauschen, weil solche
Steuern kommen, daß sie nicht einmal
die Großen bezahlen können.

*

Die Sach geht ihren Lauf.

*

*Es wird nicht lange dauern,
dann kommt das große Abräumen.*

*

*Das Bayernlandl wird vohiert und voziert von
seinem eigenen Herrn. Das Böhmerlandl
wird mit dem Besen auskiehrt.*

*

*Es kommt noch die Zeit, da kennt man Winter
und Sommer nicht mehr auseinander.*

*

*Zwischen dem Schwarzen und dem Weißen Regen
wird eine Straße gebaut, die nicht ganz fertig wird.*

*

*Wenn die Arschlingsköpfe und die roten Dächer
kommen, dann dauert's nimmer lang.*

*

Dann geht's los wie das Donnerwetter in der Luft.

*

*Wenn wir in der Früh' aufstehen und schauen zum
Fenster hinaus, schauen sie schon herein auf uns.
Denn sie kommen wie der Dieb in der Nacht.*

*

*Wenn einer noch nicht im grauen Rock drinnen ist,
kommt er nicht mehr hinein.*

*

Das Abräumen kommt, wenn der Buchinger-Name
in Rabenstein ausgestorben ist.

*

Die kleinen Kinder werden die Uniform schon
anhaben, grad nicht gar, daß sie noch
in der Wiege drinnen liegen.

*

Wenn einer zwei Laib Brot bei sich trägt und einen
verliert, dann soll er ihn hint lassen, weil er
auch mit einem Laib noch langt.

*

Wer sich bei den Forellenbacherln und in den
Fuchsenhöhlen versteckt, der bleibt verschont.

*

Wenn du noch soviel Zeit hast, kannst du dich
verstecken auf der Kasplatten bei Böbrach,
im Bodenmaiser Bergwerk, am Falkenstein und
am Wagensonnriegel. Der Bodenmais ist sicher.

*

Aber die Schwarzach-Mühle braucht kein Wasser
mehr, weil soviel Blut daherschwimmt.

*

Die letzte Schlacht ist bei der Neuerner Trat.

*

Hinter einer Arschlingskirche, wo der Altar
auf Osten schaut, unter zwei Lindenbäumen,
da kommen sie zusammen, die Großen.
Sie geben einander die Händ' und sagen:
»Was haben wir angefangen!«

*

Die großen Herren werden Bauernkleider anziehen
und zum Bauern kommen und sagen:
»Laß mich ackern!« Aber der Bauer
jagt sie mit der Peitsche weg.

*

Auch wenn die großen Herren mit den
Bauernkleidern in die Weite flüchten,
wird es ihnen an den Händen angesehen.

*

Das Kreuz wird von der Wand heruntergeholt.

*

Die Pfarrer werden sich die Hände und die
Gesichter anrußen, damit man sie nicht erkennt.

*

Der Glaube wird so klein, daß er
in eine Hutscheibe hineingeht.

*

In Zwiesel werden sieben Geistliche sein,
und jeder wird eine Messe lesen.
Aber nur sieben Leut werden sie anhören,
so wahr ich vom Totenwagen fall!

*

Der Glaube wird so klein werden, daß man ihn mit
einem Geißelschnalzen vertreiben kann.

*

Und über die Straubinger Stadt wird nachher ein
Roßknecht fahren. Er haut mit der Geißel
hinein und sagt: »Da ist einmal
die Straubinger Stadt gestanden!«

*

Man wird sagen: »Ich habe Graswurzeln gegessen!«

*

Und die Leut schüren auf den hohen Bergen
Feuer an, damit eins das andere sieht.

*

Dann kannst du dir um ein goldenes
Zehn-Mark-Stückl einen Bauernhof kaufen
und um ein Zwanzig-Mark-Stückl eine Villa.
Aber zuerst mußt du auswandern.

*

Der erste Schub tut mit Freuden fort.
Der zweite geht auch noch gern.
Die Dritten aber wollen nicht mehr,
weil man von den Ersten nichts mehr hört und sieht.
Die Letzten werden noch auf den Wagen gebunden.
Die müssen fort.

*

Die gehen in ein anderes Land, wo es warm ist.

Die älteste schriftliche Fassung einer Stormberger-Prophezeiung

(Vermutlich 1766 in Bodenmais entstanden; der Text wurde um der besseren Verständlichkeit willen vom Autor etwas der modernen Schreibweise angeglichen.)

»Denkwirdige Profezeiung, Von den alten Starnberger Hütter in Romstein. Meine liebn Leith sagt dieser. Wan ihr wissen werdet, was in der Zeit (von) *hundert Jahrn vorbeigieng, so wirdet ihr Äich verwundern.*

Es werden in aller Orten neue Einrichtung da (sein). *Doch die alten wurden Vill Besser sein. Die alte Kleiderdracht wird ab kamen und in allen städten wird es auf die Neue ardt sein. Der Purger* (Bürger) *wird sich Von den Baurn und der ädtl mann* (Edelmann) *Von den Purger nicht mehr kleiten konen* (sinngemäß: unterscheiden), *und das Allte wird sich in eine Baurn- und Nahrn drach* (Narrentracht) *verendern. Die weibs billder werden sich mit Ihren schuhen gespirrn* (Spuren machen) *wie die ziegen oder geis, und da bey die Geschäckerte dracht wird Hoch geachtet werden.*

Weithers werden hier in wald grosse heuser wie die Pallast Gebaudt werden und mit der zeit wieder zu nichts werden, sogar daß in manchen ficks (Füchse) *und hasn Ihre Jungen darin aufzigen. Und die leith werden sich Verlauffen ohne hunger und ohne sterb, es werden auch die grossen herrn in die wilde welder komen und selbe besichtigen.*

Und darnach wird es aber nicht mer gut werden. Es wird auch zu Zwiesl ein groses gebey gebaudt werden und wird auch dabei Ville Verwunderung sein, dises wird aber nicht lang dauren und wird wider zu nichts werden.

Lieber freind so rede doch weider(!) Und wan ich schon reden wurd, so wirde mann mir nicht glauben und der hochmuth wird in allen stödten ein reissen und kein mensch wird mer nach seinen standt leben. Darnach wird sich ein grosser krieg erheben und wird aufwerths gehen und wird Ville blut und leith kosten. Der Peyer first (Bayernfürst) *wird zwar nicht kriegen und doch sein land mit lauder durch zieg* (Durchzügen) *saubern verderbt werden. Dieser krieg wird Eine lange zeit dauren, darnach get es auf einmal zu rich* (zurück) *und wird ibel aus schauen. Ein straim* (Streifen) *neben dem Pemer wald* (Böhmerwald) *wird bleiben, wo mann den grösten sturm mit 3 laib Brod über leben kann, wan mann es hat. Wan aber einer in lauffen aus der handt falt, so las ihn ligen, es gleken* (reichen) *2 auch.*

Und wer nebst den Danauer straim (Donaustrom) *ein kuch* (Kuh) *findt, der sol man eine silberne glocken anhengen und die leith werden sich Verlauffen hunger und sterb.*

Wo laufen sie dan hin, Ihr nahrn (Narren). *In die gutten lender, die in dem krieg Eth* (entvölkert) *gewor-*

den sind und wo niemand mer da sey. Darnach werden erst euere Heusser zu Ficks und wolf hitten werden, hernach wird widerum Eine liebe des Nägsten unter dem menschen gehalten werden. Und was es noch gibt, so wird es durchaus besser werden, es wird sich unter die zeit ein grose theuerung erheben und wan alles am högsten gestigen ist darnach wird es auf ein mahl fallen und wird schlegt geachtet sein. Es wird auch eine neue liebe des negsten under den menschen sein, wer es aber überlebt der mus ein eissen Kopf haben.

Ich iber lebs nicht, gott giebs, das ich es nicht erleb, aber ihr meine kinder kendt es iber leben.

Darnach werden neue strasen durch wilde Perg und Deller (Berge und Täler) *gemacht werden, daß man's auf zwey stundt weith sehen kann, und an allen Orten grosse aufgeng angeworden werden* (breite Zufahrten aufgeworfen werden). *Wer nur die zeit überlebt, hernach wird es wider gut werden und hernach werden die leith wider froh sein wan eines das ander sieht, und die leith werden so wenig sein, das man es leicht zehlen kan.*

Die geistlichen werden schlecht geachtet sein und der katholische glauben wird Ville feind haben.«

Der Blinde Hirte von Prag

Sein Leben und seine Zeit

Im Jahr 1356 erließ Karl IV., vor kurzem zum Kaiser des Heiligen Römischen Reiches Deutscher Nation gekrönt, einen seltsamen Befehl: Ein Dörper[11] aus der Šumava, dem Böhmerwald, sollte zur Audienz auf den Hradschin nach Prag gebracht werden.

So etwas war äußerst ungewöhnlich in der damaligen Feudalzeit – doch ungewöhnlich war auch der Mensch, den der Monarch zu sehen wünschte. Der Ruf des einfachen Hirten, um den es ging, hatte sich bereits über das ganze böhmische Königreich hin ausgebreitet. Die Bauern und Städter waren fasziniert und schokkiert von dem, was der Abgerissene zu sagen hatte. Die Grenzen von Zeit und Raum schien er mit Hilfe seines Dritten Auges sprengen zu können. Und nun sollte der blinde Hirte seine Fähigkeiten auch vor dem Kaiserthron unter Beweis stellen.

Vermutlich brachen bewaffnete Söldner Karls in das armselige Dorf ein, wo der Seher lebte, und verschleppten ihn kurzerhand in die Hauptstadt. Dann stand der Leibeigene (der vielleicht gar nicht immer ein Höriger gewesen war) vor dem 40jährigen Monarchen.

Möglicherweise hatte sich Karl IV. nichts weiter als prickelnde Kurzweil erwartet – aber nun traf ihn das, was er zu hören bekam, bis ins Mark.

Der blinde Hirte aus der Šumava erschütterte mit wenigen Sätzen das festgefügte Weltbild des Herrschers. Karls feudaler Kosmos schien von einem Augenblick auf den anderen in sich zusammenzukrachen. Glück im Unglück war nur, daß außer dem Kaiser lediglich noch ein Schreiber Zeuge des Ungeheuerlichen wurde; daß der eigentliche Hof nicht an der fatalen Audienz teilgenommen hatte. So konnte Karl IV. den Skribenten unter Androhung der Todesstrafe zu absolutem Stillschweigen über das Gehörte verpflichten. Zumindest für den Moment schien damit die Gefahr gebannt.

Alsbald freilich kamen die Prophezeiungen dennoch unters Volk. Entweder hatte der Schreiber der Wahrheit gegenüber dem Untertanendenken den Vorzug gegeben, oder der Seher selbst (der auf recht dunkle Weise aus dem Hradschin entkommen sein soll) verbreitete seine Visionen auch unter den einfachen Menschen. Auf jeden Fall lebten sie in Böhmen, später auch in Bayern und Österreich, fort und gingen als die Gesichte des »Blinden Hirten von Prag« in die Geschichte ein. Vor allem im 20. Jahrhundert stellte sich dann ihr frappierender Wahrheitsgehalt heraus.

Der Blinde Hirte oder auch der Blinde Jüngling von Prag gehört zu den geheimnisvollsten Prophetengestalten Mitteleuropas. Schon die Bezeichnung »Jüngling« legt eine falsche Fährte, denn sie bezieht sich nicht auf das Alter des Visionärs, sondern auf seinen Stand. Sie bedeutet, daß der Seher unverheiratet war; daß er wahrscheinlich eher mönchisch und abgeschieden lebte. Hinzu kommen seine Erblindung und sein Hirtenberuf, die sich nicht so ohne weiteres miteinander in Einklang bringen lassen. Ein blinder Hirte hätte sich im wilden Böhmerwald, wo es im 14. Jahrhundert noch massenweise Raubtiere gab, wohl schwerlich behaupten können. Hütete der Prophet also möglicherweise gar nicht konkret Schafe oder Rinder? War er eher ein Pastor, ein geistiger Führer von Menschen? Einer, der durch den äußeren »Makel« zur inneren Klarheit gefunden hatte? Und wieso war er erblindet? Könnte es ein früheres dramatisches Schicksal geben, das vor seinem späteren steht?

Die tschechische Überlieferung besagt, er habe den Namen Tartar oder Tartarsin getragen und habe aus dem Dorf Kouto bei Domažlice/Taus im Böhmerwald gestammt. Sein Vater sei dort Bauer gewesen, und Karl IV. habe den Hirten auch von Kouto aus nach Prag bringen lassen.

Wirklich nur ein einfacher Dörper? Nun, es spricht einiges dagegen! Betrachtet man sich nämlich die überlieferten Aussagen jenes Tartar oder Tartarsin genauer, dann fällt auf, daß sie nicht in der Sprache eines Simpels, eines Unbedarften, abgefaßt sind. Es tauchen Formulierungen auf, die eher höfisch anmuten; leichter aus dem Mund eines Edelmannes denn aus dem eines Leibeigenen stammen könnten. Vom »böhmischen Löwen« ist die Rede, und das ist die Ausdrucksweise eines heraldisch Gebildeten. Noch deutlicher werden die Indizien, wenn der Seher von einem »Goldenen Zeitalter« redet; hier möchte man fast schon ein Wissen um die Mythologie der Antike unterstellen.

Es scheint wirklich so, als sei der Visionär nicht immer ein »Hinterwäldler« aus der Šumava gewesen; als habe er die Große Welt kennengelernt, ehe er zum »Pastor« und zum Einsiedler wurde. In meinem Roman »Der blinde Hirte von Prag« habe ich versucht, ein solch mögliches Lebensschicksal nachzuzeichnen: Der Prophet kommt aus dem Dunkeln, steigt hoch in der Adelsgunst, kollidiert mit den Machtmenschen und wird geblendet. Genau dadurch aber gelingt es ihm, seine paranormalen Fähigkeiten auszubilden. Am Ende kann er dann – wie konkret geschehen – selbst einem Kaiser Paroli bieten.

Eine Initiation durch ein extremes Herumgewirbeltwerden auf dem mittelalterlichen Rad des Fatums[12] also? Vielleicht. Aber auch noch etwas anderes könnte den Charakter und die ungewöhnliche Mentalität des »Hirten« zutiefst geprägt haben. Von 1348 bis 1352 – genau in der Zeit, da der Seher aus Kouto offenbar berühmt wurde – wütete in Europa der Schwarze Tod, die Pest. Pilger und Händler hatten die Seuche aus Kleinasien eingeschleppt, und innerhalb weniger Jahre forderte sie 25 Millionen Tote: etwa ein Drittel der Bevölkerung des Abendlandes. Grauenhafte Szenen spielten sich auch in Böhmen ab; ganze Dörfer wurden entvölkert, Geißlerschwärme zogen durchs Land und peitschten sich im religiösen Wahn bis aufs Blut; oft blieben die Leichen unbestattet, und die Aasgeier kröpften nach Augenzeugenberichten dermaßen, daß sie vorübergehend fluguntüchtig wurden. Tartarsin aber erlebte all dies mit: einen Weltuntergang – und auch dadurch könnte seine Gabe voll zum Ausbruch gekommen sein. Sein geistiger Blick könnte sich durch das Entsetzen geweitet haben; weit über das eigene Jahrhundert und selbst das zweite Jahrtausend hinaus.

Möglicherweise ist dies die Vorgeschichte des erstaunlichen Auftritts in Prag, durch den Karl IV. so schockiert wurde. Doch nicht nur dem Monarchen blieben die Worte des Blinden Hirten wie ein Menetekel im Gedächtnis haften, auch die Bevölkerung bewahrte die Prophezeiungen von Generation zu Generation. Zunächst geschah dies vermutlich durch mündliche Tradierung; eine erste schriftliche Fassung, besorgt durch Josef Kochan aus Roschmital und Johann Melichar aus Horschov, trägt die Jahreszahl 1491. Weitere Drucklegungen erfolgten 1559 und 1602 und gelangten sogar bis in die Wiener Hofbibliothek.

Anno 1678, im Zuge der Gegenreformation, versuchte die katholische Kirche mit allen Mitteln, die Visionen des Blinden Hirten zu unterdrücken. Ihre schriftliche Verbreitung wurde verboten; jedes vorhandene Exemplar, das der Klerus in die Hände bekam, wurde verbrannt. Doch die Menschen in Böhmen und längst auch in Bayern und Österreich wollten nicht von den Prophezeiungen lassen; heimlich wurden sie immer wieder gedruckt und trotz des katholischen Index weitergegeben. Auf diese Weise haben sie überdauert bis ins 20. Jahrhundert, und gerade in diesem Säkulum gewannen die Schauungen des geheimnisvollen Mannes aus Kouto beklemmende Aktualität.

Die Prophezeiungen des Blinden Hirten von Prag

(Zitiert nach Friedl, Backmund, Schönhammer und Silver)

O ihr Kaiser, Könige und Fürsten, o ihr armen Leute im Lande, es wird eine Zeit kommen, da werdet ihr wünschen, nicht geboren zu sein.

*

So viele Leute wird es geben, daß kein Brot mehr für sie da ist, aber die einen werden fressen, und die anderen werden verhungern.

*

Böhmen wird die Herrscher wechseln wie der feine Herr das Hemd.

*

Eine und noch eine halbe Zeit werden über Böhmen fremde Herrscher sein.

*

Die Menschen werden einander nicht mehr mögen. Wenn einer sagt: Ruck ein wenig, und der andere tut es nicht, ist es sein Tod.

*

In einer Zeit, da einer länger denn sechzig Jahre
Herr über Böhmen war, wird durch einen
Fürstenmord ein großer Krieg entstehen.

*

Wird einmal ein Krieg kommen und alles
anders werden. Dann fallen die Kronen.

*

Dann werden die gekrönten Häupter wie
reife Äpfel von den Bäumen fallen.

*

Wenn im großen Krieg jeder gegen jeden ist,
dann beginnt die Zeit, da der Schrecken
unser Land nicht mehr verlassen wird.

*

Dann sind die Burgen verödet, und die hohen
Herren greifen zum Pflug.

*

Von da an wird es nicht mehr sein dürfen,
daß sich die Leute auf der Welt verstehen.

*

Zwei Völker werden in Böhmen leben.

*

Das Herrschervolk wird dem anderen nach dem
Leben trachten und ihm keine Freiheit gönnen.

*

Sie werden keine Ruhe geben,
bis der böhmische Löwe wieder selber
herrscht und niemandem untertan ist.

*

Bis ein Mächtiger kommt.

*

Dann werden die Herren in Prag dem zweiten Volke
die Freiheit aus dem Fenster zuwerfen, aber zu spät.

*

Zwischen Böhmens Bergen wird ein Volk
dem anderen nach dem Leben trachten.

*

Dann aber kommt einer, der wird die
Geißel schwingen über Prag.

*

Es kommt abermals ein großer Krieg
zwischen allen Völkern der Erde.

*

Es wird nicht der letzte Krieg sein, aber er
wird anfangen die letzten Zeiten.

*

Deutschland wird ein großer Trümmerhaufen sein,
und nur die Gebiete der blauen Steine
werden verschont bleiben.

*

Um Böhmen herum wird ein großer Trümmerhaufen
sein, denn es wird Feuer hageln.

*

Der große Krieg wird zu Ende gehen,
wenn die Kirschen blühen.

*

In Böhmen aber wird der heimliche
Brand nicht ausgehen.

*

Solange die Kirschen reifen, möchte ich
kein Deutscher sein.

*

Wenn aber die Kirschen geerntet sind, dann
möchte ich kein Böhme sein.

*

Zweimal wird das Böhmerland gesiebt werden,
das erstemal bleiben nur soviel Deutsche,
wie unter einer Eiche Platz haben.

*

Die eine andere Sprache reden,
werden das Land verlassen.

*

Wieder wird der Löwe über Böhmen herrschen,
aber sein Glanz ist zu Ende.

*

In Böhmen wird nur noch ein Volk leben.

*

Und immer noch wird Blut fließen
unter den Brüdern.

*

Ein neuer Krieg wird ausbrechen,
dieser wird der kürzeste sein.

*

Das Volk in Böhmen wird durch den Krieg
vernichtet, und alles im Land wird
verschüttet werden.

*

Zweimal wird das Böhmerland gesiebt werden,
das zweitemal bleiben nur soviel Böhmen,
wie auf einer Hand Platz haben.

*

Über das große Wasser wird der Krieg kommen,
und die eisernen Rosse werden Böhmens
Erde zerstampfen.

*

Ganz Böhmen wird mit Pferdehufen bedeckt sein.
Der Krieg wird Prag verwüsten, und die
Überlebenden werden auf einem
Fuhrmannswagen Platz finden.

*

Aber es wird nicht eher Friede in Europa sein,
ehe nicht Prag ein Trümmerhaufen ist.

*

Abermals zur Kirschblüte wird Prag
vernichtet werden.

*

Eine Sonne wird stürzen und die Erde beben.

*

Die Rache kommt übers große Wasser.

*

Die Menschen werden die Welt vernichten,
und die Welt wird die Menschen vernichten.

*

Wann es kommt? Es wird lange dauern und
noch viel Wasser die Moldau hinabrinnen.
Wenn es aber kommt, dann wird es einfahren
wie ein Blitz in einen Ameisenhaufen.

*

Wenn sie meinen, Gottes Schöpfung nachmachen
zu sollen, ist das Ende da.

*

Es dauert nicht länger, als man dazu braucht,
Amen zu sagen.

*

Die wilde Jagd braust über die Erde.

*

Die Totenvögel schreien am Himmel.

*

*Ihr Mächtigen und Gewaltigen, ihr werdet
kleiner sein als der arme Hirte.*

*

Und das Land der Bayern hat viel zu leiden.

*

*Wenn zum zweiten Male die Kirschen reifen, werden
die Vertriebenen aus Böhmen traurig wieder zu ihren
Webstühlen und Feldern zurückkehren.*

*

Aber nur wenige werden es noch sein.

*

*Und diese wenigen werden einander fragen:
Wo hast du gesteckt und wo du?*

*

*Die Bauern werden hinter dem Pflug
mit der Peitsche knallen und sagen:
Hier hat Prag gestanden.*

*

*Dann wird über die Welt ein neues Zeitalter
kommen, das man das Goldene nennen wird.*

*

Die Sibylle von Prag

Ihr Leben und ihre Zeit

Gehörte sie einer protestantischen Familie an, die um ihres Glaubens willen von der katholischen Kirche an den Bettelstab gebracht wurde?

Es wäre eine logische und historisch nachvollziehbare Erklärung dafür, daß die Sippe der Seherin zu Beginn des 17. Jahrhunderts plötzlich verarmte. Zahlreiche böhmische Evangelische bekamen in der Zeit unmittelbar vor dem Ausbruch des Dreißigjährigen Krieges die päpstliche Knute zu spüren. Man trat sie in die Gosse oder jagte sie außer Landes – und ein solches Schicksal könnte auch die Prophetin Michalda samt ihrer Verwandtschaft getroffen haben. Freilich wäre der Fall dann – zumindest durch die Brille der damaligen Epoche gesehen – besonders tragisch gewesen. Denn Michalda war gräflichen Blutes; mußte, bis zur Entmachtung ihres Vaters, zum Hochadel gezählt werden.

So berichtet es die tschechische Volksüberlieferung, und weiter heißt es, daß die Sibylle von Prag trotz dieser Heimsuchungen ein sehr hohes Alter erreichte. Während langer Jahrzehnte nach dem Sturz ihrer Familie habe sie in Böhmen von Prag bis zur Šumava geweissagt, und als Seherin sei sie dadurch – blaues Blut hin oder her – im Bewußtsein der Menschen lebendig geblieben.

Ja, ihr Ruf muß sich rapide verbreitet haben, denn schon 1616 erschien die erste schriftliche Fassung ihrer Visionen. »Die Prophezeiung der Sibylle Michalda« lautete der Titel des Volksbuches, das in den folgenden Jahrhunderten zahllose Nachdrucke erleben sollte. Besonders im Grenzgebiet zwischen Böhmen und Bayern wurden die Schauungen der verarmten Gräfin Allgemeingut; in späteren Zeiten bezeichnete man die geheimnisvolle Frau dort auch als Sybilla Weis, wobei der Zuname mit Sicherheit Mythologisches ausdrücken soll. Aber auch der Rufname Sibylle oder Sybilla geht in diese Richtung; er ersetzte das ursprüngliche »Michalda«, das der Priester einst über dem Taufbecken gesprochen hatte: Die böhmische Adelige wurde damit in eine lange Reihe europäischer Hellseherinnen sozusagen symbolisch aufgenommen.

In der Antike waren die Sibyllen Orakelpriesterinnen; man kennt sie aus Persien, Libyen, Griechenland und vor allem aus Rom, wo die »Sibyllinischen Bücher«, eine berühmte Sammlung von Prophezeiungen, sogar Einfluß auf die Politik der Cäsaren genommen haben sollen. Im Zuge der Renaissance gelangte der Begriff als Synonym für eine Prophetin auch nach Mitteleuropa, und im frühen 17. Jahrhundert erfüllte ihn schließlich die böhmische Seherin Michalda als »Sibylle Michalda« oder »Sibylle von Prag« mit neuem Leben.

Sie muß eine außerordentliche präkognitive Begabung besessen haben, denn sie sagte äußerst präzise unter anderem das Auftauchen von Panzern in Prag sowie das Auftreten Adolf Hitlers voraus. Über mehr als 300 Jahre hinweg vermochte sie dieses Grauen in verblüffend griffige Sprachbilder zu fassen; um so beklemmender wird das, was die Sibylle offensichtlich noch jenseits der Wende vom zweiten zum dritten Jahrtausend sah. Die Schauungen könnten aus dem Drehbuch zum Film »Der Tag danach«[13] stammen. Frappierend ist auch die Tatsache, daß sie sich fast völlig mit dem decken, was der Blinde Hirte über den Untergang Prags prophezeite.

Die Prophezeiungen
der Sibylle von Prag

(Zitiert nach dem Volksbuch von 1616.
Der Text wurde vom Autor in eine
moderne Fassung gebracht.)

*Bei den Nachbarn über dem Gebirge redet ein Mann,
dessen Wappen ein seltsames Kreuz trägt.*

*

Allen verspricht er Ehre und Ruhm.

*

*Er verbindet sich mit dem Beilträger aus der Ewigen
Stadt, der ihm aber kein Glück bringen wird.*

*

*Seine Söldner kommen in eisernen Häusern,
die auf Kufen laufen, auch nach Prag.*

*

Das Volk sinnt auf Rache.

*

*Der Kreuzträger aber blickt vom
Hradschin auf die Welt.*

*

*Er gibt den Befehl, und seine Söldner ziehen tausend
Meilen nach Norden und Süden, Osten und Westen.*

*

Kein Ende will der Krieg nehmen.

*

Vom Himmel fallen Pech und Schwefel.

*

Große Städte gehen in Flammen auf.

*

*Der Kreuzträger findet sein Ende, und niemand
weiß, wo er gefallen ist.*

*

*Weiter: Es geht voran ein Glutjahr, danach kommt
ein Flutjahr, und dann kommt das Blutjahr.*

*

*Im Februar wird die Menschheit einen Schrei
der Angst und des Schauerns ausstoßen.*

*

Gewalt wird der Erde angetan.

*

Gott wird furchtbares Gericht halten.

*

*Ein Nichts waren alle Leiden der vergangenen
Zeiten gegenüber diesen Schlägen des Schicksals.*

*

*In dem Jahr, in welchem zwei Fünfen der Neunzehn
gegenüberstehen, naht das Ende Prags.*

*

*Die Glocken werden die zehnte
Nachtstunde anzeigen.*

*

Ein furchtbarer Sturm braust über das Land.

*

*Rauch von Schwefel nimmt den Menschen
und dem Vieh den Atem.*

*

*Dann wird der Hradschin in Flammen stehen,
und die Mauern werden bersten.*

*

*Vom Vysehrad kommt ein Feuerball, die
Felsen fliegen durch die Luft.*

*

Es wird überall Geschrei und ein Feuermeer sein.

*

Alles versinkt in schwarze Tiefe.

*

Langsam verziehen sich die Wolken.

*

*Es ist vorbei, und das Schicksal Prags
hat sich erfüllt.*

*

Nachher werden neue Religionen ersonnen.

*

*Dort, wo heute die Statue des heiligen Wenzel steht,
wird ein hoher Turm einen neuen Tempel krönen.*

*

*Prächtig wird dieser Tempel sein, aus Gold
und Silber erbaut.*

*

Bartholomäus Holzhauser

Sein Leben und seine Zeit

Wie der Blinde Hirte von Prag wurde auch der Schwabe Bartholomäus Holzhauser mit dem Schwarzen Tod konfrontiert. Als der 14jährige Bursche sich an der Augsburger Armenschule ein bißchen bescheidene Bildung anzueignen versuchte, brach in der Stadt die Pest aus. Im Jahr 1627 geschah dies, mitten im Dreißigjährigen Krieg, der sicherlich ebenfalls prägend für den späteren Visionär war. Sein eigentliches Initiationserlebnis freilich sollte Holzhauser erst 1639 auf dem Territorium des Erzbischofs von Salzburg haben.

Bartholomäus Holzhauser wurde fünf Jahre vor Ausbruch des entsetzlichen Religionskrieges – 1613 – in dem Dorf Laugna zwischen Augsburg und Dillingen geboren. Sein Vater war ein Schuster, der insgesamt elf Kinder zu ernähren hatte. Trotzdem ermöglichte er dem etwas absonderlichen Bartholomäus zunächst den Besuch einer Schule in Wertingen und sandte ihn anschließend nach Augsburg, wo Bartholomäus' Ausbildung eben durch die Pestepidemie unterbrochen wurde.

Das Pfarrhaus in Burgheim war die nächste Station des Vierzehnjährigen. Der junge Holzhauser hatte sich dort Unterricht in Latein und Theologie erhofft, doch der Geistliche auf der Pfründe[14] mißbrauchte ihn als Hausburschen. Infolgedessen schüttelte Bartholomäus alsbald wieder den Staub von den Füßen und wurde zum Vaganten[15], bis er nach etwa einem Jahr Aufnahme in das Knabenseminar der Neuburger Jesuiten fand. Bis 1633 blieb er in der malerischen Residenzstadt des Fürstentums Pfalz-Neuburg, dann wechselte er an die Universität von Ingolstadt, wo er 1639 das Bakkalaureat[16] der Theologie und den Doktor der Philosophie erwarb. Gleichzeitig feierte er zu Pfingsten 1639 seine Primiz.

Kaum hatte Holzhauser aber seine Ausbildung zum katholischen Priester abgeschlossen, ereignete sich etwas Seltsames: Traumgesichte lenkten seinen Lebensweg auf eine neue Bahn. Immer wieder sah er eine Landschaft, die ihn anzusaugen schien, und während einer starken Vision erblickte er ein palastartiges Haus, das von überirdischem Licht überstrahlt war. Der Sechsundzwanzigjährige brach alle Zelte hinter sich ab. Seiner Schauung folgend, wanderte er nach Südosten davon. Sein Weg führte über Landshut, Geisenhausen und Altötting nach Tittmoning – und dort wurde Holzhausers Traumbild Realität. Er stand plötzlich vor dem großen Gebäude im Salzach-Inn-Stil, das er in seiner Vision gesehen hatte; es handelte sich um den Kanonikatshof[17] den der örtliche Bischof in der Stadt unterhielt.

Wie die Geschichte nun weitergeht, verwundert gar nicht mehr sonderlich. Schon im Sommer 1640 wurde der Sohn des Schusters aus Laugna zum Kanoniker von Tittmoning befördert. Er war damit zu einem der ranghöchsten Kleriker auf dem Territorium des Erzbistums Salzburg geworden. In der Folge, ehe Bartholomäus Holzhauser 1658 starb, sollte er bis zum Dekan seines Kirchenfürsten aufsteigen. Doch nicht das soll uns hier weiter interessieren, sondern sein Wirken außerhalb des Klerikalen: die präkognitive Seite seines Wesens.

Die visionären Fähigkeiten des Bartholomäus Holzhauser entwickelten sich zu voller Blüte, nachdem er im Salzburger Raum seßhaft geworden war. Er scheint genau dort das für ihn günstigste parapsychologische Umfeld gefunden zu haben. Seine theologische Ausbildung mag zusätzlich eine Rolle gespielt haben, denn der Kanoniker und Dekan wurzelte in seinen Gesichten sozusagen in der Bibel: in der »Geheimen Offenbarung des Johannes von Patmos«. Dort fand er die Bilder, die er weiterentwickelte und in seinem speziellen Bereich umsetzte; einmal erklärte er, wenn er seine Visionen niedergeschrieben habe, dann sei er sich immer wie ein Kind vorgekommen, dessen Hand von etwas anderem geführt werde.

Auf diese Weise entstanden seine großen prophetischen Schriften, welche die Titel »Erklärung der geheimen Offenbarung des heiligen Johannes« und »Visionen« tragen. Seit dem Barock sind sie vor allem im süddeutschen Raum verbreitet; in Buchform erschienen sie unter anderem bei Manz in Regensburg und zuletzt 1972 in Wien. Freilich sind sie mit einer gewissen Vorsicht zu genießen, denn der Autor Bartholomäus Holzhauser trennte nicht immer strikt zwischen den echten Gesichten und bloßer theologischer Belehrung, die er als Priester eben auch für wichtig hielt.

Man muß also bei Holzhauser – vom parapsychologischen Ansatz her gesagt – sozusagen die Spreu vom Weizen trennen, damit die eigentlichen Visionen aus dem gesamten Kontext wieder herausgefiltert werden können. Die ersten fünf Kapitel seiner »Erklärung der geheimen Offenbarung« können deswegen unter dem genannten Gesichtspunkt vernachlässigt werden. Aber in den folgenden »Gesichten« finden sich Passagen von zukunftsseherisch hochbrisanter Art . . .

Die Prophezeiungen des Bartholomäus Holzhauser

(Auswahl; vom Autor sprachlich modernisiert.)

*Nach diesem sah ich am neunten Tag des Monats
April einen Sturmwind von Westen kommen.*

*

*Die Gewässer, welche in der Donau waren,
erhoben sich und traten aus.*

*

*Dieselben stiegen in die Höhe, drangen in die Stadt
ein und verwandelten sie fast in eine Wüste.*

*

*Ich sah allenthalben auf Erden
Menschen und Vieh töten.*

*

In der Welt wird es Kriege geben.

*

Wenige werden übrigbleiben auf der Erde.

*

*Weltreiche werden in Verwirrung geraten,
Fürstentümer umgestürzt, Herrschaften
erniedrigt werden.*

*

Staaten werden fallen und fast alle verarmen.

*

*Eine blutige Letze wird die Kirche betrüben;
größte Drangsal und alle Art Verwirrung
werden herrschen.*

*

*Und ich erblickte einen König in seinem Diadem
und eine überaus große Menge.*

*

*Dann schaute ich gleichsam den Frieden, und alle
Menschen meinten, es sei Friede und Sieg.*

*

*Und siehe, ich erblickte eine lange Kette
von Sprachen und Völkern und von
Feinden des Kreuzes Jesu Christi.*

*

*Und sie haben vielfach gesiegt;
haben die festesten Städte erobert,
Glück in ihren Unternehmungen
gehabt und die Oberhand errungen.*

*

Die Mörder waren entflohen.

*

*Es trat eine Stille ein, und ein Triumphwagen
fuhr nach Westen.*

*

*Und es wird eine große Kette gewunden werden
zum Bande des Friedens.*

*

*Eine große und wunderbare Kette, welche die ganze
Welt und ihre Bewohner in Einheit umfassen wird.*

*

Der Mönch von Wismar

Sein Leben und seine Zeit

Mehr als alle anderen Hellseher, die in diesem Buch vorgestellt werden, steht er im Dunkeln – und auch die sogenannte Wismarer Prophezeiung muß im Rahmen dieses Werkes als Sonderfall angesehen werden.

Denn die Vision ereignete sich nicht im bayerisch-böhmisch-österreichischen Raum, sondern an der Ostsee. Trotzdem soll sie auf diesen Blättern ihren Platz finden; der Grund dafür liegt darin, daß die Gesichte des Wismarer Mönches seit Jahrhunderten vor allem im Bayer- und Böhmerwald tief in der Volksüberlieferung eingewurzelt sind. In zahlreichen Häusern existieren bis heute Abschriften der Wismarer Prophezeiung; ich fände es einfach schade, meinen Lesern eine Zusammenfassung vorzuenthalten. Hinzu kommt, daß die Präkognition des norddeutschen Klerikers ihre ganz eigene Faszination besitzt und außerdem vom Duktus her gar nicht schlecht zum Mühlhiasl und den anderen südlicheren Sehern paßt.

Doch zunächst das Wenige, was wir über den geheimnisvollen Mönch und seine Botschaft wissen:

Der Prophet muß Ordensmann im »Kloster zum

Heiligen Geist« in Wismar gewesen sein, denn dort fand man sein Vermächtnis in der zweiten Hälfte des 18. Jahrhunderts, als man eine baufällige Mauer niederlegte. In einem Hohlraum kam ein Pergament zum Vorschein, das von dem bewußten Mönch nach eigener Datierung im Jahr 1709 verfaßt worden war. Dieses Dokument enthält die Gesichte des Klerikers; warum er das Papier verbarg, wird wohl für immer ein Rätsel bleiben. Möglicherweise befürchtete er aber Schwierigkeiten durch die Inquisition, so daß er den ungewöhnlichen Text aus diesem Grund vorsichtshalber verschwinden ließ. Die Tatsache, daß er das Pergament nicht vernichtete, deutet wiederum darauf hin, daß er auf eine spätere Entdeckung hoffte – und dies geschah ja dann auch; etwa eine bis zwei Generationen nach seinem Tod.

Nach der Datierung der Niederschrift auf das Jahr 1709 ist als sicher anzunehmen, daß der Mönch von Wismar in der zweiten Hälfte des 17. und noch eine gewisse Zeit im frühen 18. Jahrhundert lebte. Er könnte dann etwa im ausgehenden Dreißigjährigen Krieg geboren worden sein, könnte als Kind den Friedensschluß in Westfalen mitbekommen haben. Zar Peter der Große von Rußland muß sein Zeitgenosse gewesen sein; der Papst, in dessen Auftrag er wohl an der Ostsee rekatholisierte, wäre dann Alexander VIII. gewesen. Später, als in Rom Innozenz XII. regierte, wird der norddeutsche Mönch vermutlich vom russisch-türkischen Krieg und den Auseinandersetzungen Habsburgs mit den Türken gehört haben. Auch die militärisch glanzvolle und brutale Ära des schwedischen Königs Karls XII. hat der Wismarer Kleriker noch miterlebt, ebenso den Spanischen Erbfolgekrieg von 1701 bis 1714. Insgesamt läßt sich sagen, daß er nicht gerade in eine friedliche Zeit hineingeboren worden war.

Nach dem Tod des Mönches von Wismar, der zwingend später als 1709 anzusetzen ist, gerieten die verborgenen Prophezeiungen zunächst einmal wie geplant in Vergessenheit; um so mehr wurden sie aber beachtet, als sie beim Einreißen der erwähnten Klostermauer wieder zum Vorschein kamen. Der Magistrat der norddeutschen Stadt erachtete sie für so wertvoll, daß das Pergament im Rathaus unter einem Glassturz aufbewahrt wurde. Dort befinden sich die Wismarer Prophezeiungen auch heute noch.

Die dunklen und erschreckenden Sätze gewannen aber auch schnell überregionale Bedeutung über die Ostseeküste hinaus. In den Bayerischen- und Böhmerwald gelangten die Schauungen dank der Glasfuhrleute, die im 18. und 19. Jahrhundert einen regen Frachtverkehr zwischen den Hansestädten und dem Donau-Wald-Raum unterhielten. Diese Fuhrmänner waren es, welche die Wismarer Prophezeiung in zahlreichen Abschriften in den Süden brachten – und hier stehen sie bis heute beinahe gleichberechtigt neben den Visionen des Mühlhiasl, des Irlmaier und des Stormberger.

Die Wismarer Prophezeiung

(Zitiert nach Paul Friedl; vom Autor
sprachlich etwas modernisiert.)

*Es wird ein großes Ringen stattfinden zwischen Ost
und West, und es wird viele Menschen vernichten.*

*

Wagen werden ohne Roß dahinjagen.

*

*Feurige Drachen werden durch die Lüfte jagen
und Schwefel und Feuer speien, und Städte
und Dörfer werden vernichtet.*

*

Machtlos müssen die Menschen alldem zusehen.

*

*Fünf Jahre und drei Monate wird dieser
Aufruhr dauern.*

*

*Viele Menschen werden Hunger, Pest
und Seuchen zum Opfer fallen.*

*

*Das Volk der Sieben Sterne wird in
das Ringen mit eingreifen und dem
bärtigen Volk in den Rücken fallen.*

*

*Der ganze Niederrhein wird erbeben,
aber nicht unterliegen, sondern
bestehen bis ans Ende der Zeiten.*

*

*Die Zeit wird kommen, wo du weder kaufen
noch verkaufen kannst und darfst.*

*

Sterne werden sich färben vom Blut.

*

*Menschen werden auf dem Grund des Meeres
wohnen und auf ihre Beute lauern.*

*

*Das Land im Meer wird mit seinem König
geschlagen und auf die tiefste
Stufe des Elends kommen.*

*

Das bärtige Volk wird noch lange bestehen.

*

Alle Völker werden in Mitleidenschaft gezogen.

*

Es findet ein Wogen aller Völker statt.

*

Der Sieger wird einen Kranz tragen,
und zwischen vier Städten mit Türmen
findet die Entscheidung statt.

*

Dort steht ein Kreuz zwischen Lindenbäumen.

*

Da wird der Sieger niederknien, die Arme
ausbreiten und seinem Gott danken.

*

Alle Tänze der Gottlosigkeit wird der Krieg
abschaffen und dann eine göttliche Ordnung
in Reich, Stadt und Familie herstellen.

*

Der Krieg wird beginnen, wenn sich
die Ähren voll neigen.

*

Er wird seinen Höhepunkt erreichen, wenn
die Kirschen zum fünftenmal blühen.

*

Den Frieden aber wird der Fürst
zur Christmette schließen.

*

Sepp Wudy,
der Knecht vom Frischwinkel
Sein Leben und seine Zeit

»Wie der Sepp hat einrücken müssen, hat er gesagt, er kommt nicht wieder, weil er in Eis und Schnee sterben muß!«

So steht es auf einem vergilbten Blatt Papier aus der Zeit des Ersten Weltkrieges, und die grausamen Worte sind schon bald nach ihrer Niederschrift wahr geworden: Der Bauernknecht, der seinem Dienstherrn den eigenen Tod verkündet hatte, wurde zu einem der Millionen Opfer des wahnwitzigen Völkermordens. Als Soldat der österreichisch-habsburgischen Armee verblutete er im Kampf gegen die Italiener an der Dolomiten-Front.

Mit seiner letzten Prophezeiung hatte Sepp Wudy sozusagen noch einmal ein unüberhörbares Menetekel gegen den Krieg gesetzt. Doch auch in seinem kurzen Leben zuvor war er ein beklemmender Warner gewesen. Er hinterließ der Menschheit ein Vermächtnis, das sie vor einem möglicherweise noch schlimmeren Schicksal, als er selbst es erlitt, bewahren sollte und soll. Vieles von dem, was Sepp Wudy über sein persönliches Los hinaus vorhergesagt hatte, ist bereits eingetroffen. Andere Visionen haben nach den Atombombenabwürfen über Hiroshima und Nagasaki sowie nach der Nuklearkatastrophe von Tschernobyl brennende Aktualität gewonnen.

Dies ist (scheinbar) um so erstaunlicher, als Sepp Wudy ein ganz einfacher und »ungebildeter« Mensch war. Ein simpler Bauernknecht, der fast auf der untersten sozialen Stufe seiner Zeit stand. Ende des 19. Jahrhunderts war er im Grenzgebiet zwischen Bayern und Böhmen geboren worden. Aus der Gegend von Železná Ruda/Böhmisch Eisenstein stammte er, und im Frischwinkel – zwischen dem genannten Markt und Hojsova Stráž/Eisenstraß gelegen – war er Dienstbote. Mit einem Hungerlohn mußte er auskommen; einmal im Jahr erhielt er von der Bäuerin, wie damals üblich, ein oder zwei Hemden und ein paar Holzschuhe als Dreingabe. Im Wirtshaus, wenn er sich einmal eine Maß leisten konnte, saß er am minderen Tisch; von der fliegenverschissenen Wand, so wie es Hašek im ›Schwejk‹ geschildert hat, blickte dabei Kaiser Franz Josef auf ihn herab, welcher zu jener Zeit noch Herr über Böhmen war.

Ein »armer Hund« also war der Sepp, und vielleicht machte er deswegen den Mund nur selten auf; blieb lieber in sich gekehrt. So jedenfalls charakterisierten ihn seine Mitmenschen: wortkarg und maulfaul. Gelegentlich aber, besonders wenn er mit seinem Bauern allein war, dem er offenbar vertraute, konnte der Knecht vom Frischwinkel dennoch aus sich herausgehen. Dann pflegte er, wie Paul Friedl schreibt, seltsame Andeutungen für die Zukunft zu machen; in Wahrheit tat er mehr: Er formulierte handfeste und ganz erstaunlich realistische Prophezeiungen.

Der Hofbesitzer wiederum scheint durchaus gewußt zu haben, daß sein Ehehalte nicht bloß irgendwelchen Humbug daherredete. Denn der Bauer notierte alles, was der Sepp sagte, peinlich genau in seinem Schreibkalender. Auf diese Weise bewahrte er die Visionen des Knechts auch für die nachfolgenden Generationen, und nach dem frühen Tod Sepp Wudys begriffen dann immer mehr Menschen, daß im Frischwinkel ein Außergewöhnlicher gelebt hatte.

Die Niederschriften in dem allmählich vergilbenden Kalender wurden immer wieder kopiert und auf deutscher Seite vor allem im Mittleren Wald verbreitet. Paul Friedl brachte sie 1974 erstmals im Druck heraus, und seither scheinen sie noch brandaktueller als damals geworden zu sein.

Die Prophezeiungen
des Sepp Wudy

(Zitiert nach Paul Friedl)

Das ist nicht der letzte Krieg, hat er gesagt,
denn dann wird bald wieder einer sein,
und dann erst kommt der letzte.
Einer wird schrecklicher als der andere.

*

Wenn du es erleben tätest, könntest du deinen
Vetter in Wien von deiner Stube aus sehen,
und wenn du ihn schnell brauchtest,
könnte er in einer Stunde da sein.

*

Der Böhmerwald wird einmal versengt werden
wie ein Strohschübel.

*

Rennt nicht davon, wenn die grauen Vögel fliegen,
woanders wird es noch schlechter sein.

*

Es geht dem End zu, und das hat schon angefangen.
Es wird dann wieder so sein wie vor hundert Jahren.
So wird es die Leut zurückwerfen, und so
werden sie für ihren Übermut bestraft.

*

Du hast das Essen vor dir und darfst es nicht essen,
weil es dein Tod ist. Und du hast das Wasser
im Grandl und darfst es nicht trinken,
weil es auch dein Tod ist.

*

Aus dem Osser kommt noch eine Quelle,
da kannst du trinken.

*

Die Luft frißt sich in die Haut wie ein Gift.
Leg alles an, was du an Gewand hast,
und laß nicht das Nasenspitzl herausschauen.

*

Setz dich in ein Loch und wart,
bis alles vorbei ist, lang dauert's nicht,
oder such dir eine Höhle am Berg.

*

Wenn dir die Haare ausfallen, hat es dich erwischt.

*

Nimm ein Kronwittbirl (Wacholderbeere) in den
Mund, das hilft, und sauf keine Milch,
acht Wochen lang.

*

Es wird schlimm, und die Nachgeborenen müssen
erst wieder schreiben und lesen lernen.

*

*Der Anlaß wird sein, daß die Leut den Teufel
nimmer erkennen, weil er schön gekleidet ist
und ihnen alles verspricht.*

*

*Wenn kein Uhmanndl mehr schreit und
die Hasen zum Haus kommen und umfallen,
dann geh weg vom Wasser und mähe kein Gras.*

*

*Dann gibt es keine Grenze mehr gegen Bayern,
aber wo du dann bist, kann ich nicht sagen.*

*

*Aber was sag ich! Dich geht es ja nichts mehr an,
aber sag es deinen Kindern und Kindskindern.
Die haben damit zu tun und erleben am End
die ganze Geschichte.*

*

*Ich verstehe auch die Leute nicht,
daß sie gar keinen Herein haben,
und sie werden alleweil schlimmer und
gottloser, so daß es so kommen muß,
und, wie gesagt, es wird wieder sein
wie vor hundert Jahren.*

*

*Sehen tät ich noch mehr, aber ich kann es
nicht begreifen und nicht sagen.*

*

Mit dem Glauben geht es bergab, und alles wird
verdreht. Kennt sich niemand mehr aus.
Die Oberen glauben schon gar nichts mehr,
die kleinen Leut werden irre gemacht.
In der Kirche spielen sie Tanzmusik,
und der Pfarrer singt mit.
Dann tanzen sie auch noch,
aber draußen wird das Himmelszeichen stehen,
das den Anfang vom großen Unheil ankündigt.

*

Es steht gegen Norden ein Schein, wie ihn
noch niemand gesehen hat, und dann
wird ringsum das Feuer aufgehen.

*

Geh nach Bayern, dort hält die Muttergottes ihren
Mantel über die Leut, aber auch dort wird alles
drunter und drüber gehen.

*

Es wird alles kommen, wie es der Stormberger
gesagt hat, aber er hat nicht alles gesagt,
oder sie haben ihn nicht verstanden.
Denn es kommt viel schlimmer.

*

Bauer, sag es deinen Kindern, sie sollen
dem Berg zu rennen, wenn es kracht.

*

Ich bin nur ein Knecht, und ich weiß nicht,
ob es ein guter oder ein böser Geist ist,
der mir diese Sachen vormacht.
Aber ich weiß, daß es einmal wahr werden wird.

*

Der Waldhirte Prokop

Sein Leben und seine Zeit

Er hatte einiges mit dem Mühlhiasl und dem Stormberger gemeinsam, denn auch er war ein Schachtenhirte in der Zwieseler Gegend. Aber er ist uns als Person viel greifbarer als die beiden großen Propheten, denn der einfache Hüter war beinahe noch unser Zeitgenosse.

1887 wurde er in Zwiesel geboren; sein ungewöhnlicher Familienname deutet möglicherweise auf böhmische Abstammung hin. Schon früh zog er als Hütejunge mit den Geißen- und dann den Stierherden; nachdem er herangewachsen war, sandten ihn die Bauern in eigener Verantwortung auf die Hochweiden. Als Waldhüter war er einer der Letzten seines Standes; er übte einen aussterbenden Beruf aus. Nach ihm trieb keiner mehr auf den Rukowitzschachten auf, der über viele Jahre hinweg sein einsamer und entrückter »Arbeitsplatz« war. Er aber konnte dort oben noch eins mit der Natur, dem Brausen der Šumava und seinen Tieren sein – und er vermochte in diesem Umfeld auch auf die andersweltlichen Stimmen zu horchen.

Seine Mitmenschen spürten, daß der Prokop anders war als sie. Er gehörte zu den Unheimlichen, über die man im Wald laut Paul Friedl zu sagen pflegte: »Die haben ebbs kinnt, die haben ebbs g'wißt!« Oder über den Schachtenhirten selbst: »Der, der weiß mehrer wie mir! Dös is ein ganz ein anderer!« Jedoch mußte der Prokop auch Spott einstecken wegen seiner Gabe. Vor allem sein eigenes Eheweib soll seine »Spinnereien« gar nicht geschätzt haben. »Ja, was hast denn nur?! Laß doch die Leut in Ruh! Was bringst denn allerweil daher?!« sollen ihre ständigen Redensarten gewesen sein, wie wiederum Paul Friedl vermeldet.

Aber der Hüter, der oft monatelang auf seinem Schachten allein war, brachte eben die schaurigen Sachen daher. Draußen in der Natur kamen sie ihm in den Sinn; zurück im Tal, konnte er seine Sentenzen beim besten Willen nicht mehr zurückhalten. Doch das war ja schließlich auch seine Aufgabe als Hellseher und Warner.

Wie alle anderen Propheten hatte der Prokop große, allgemeine Gesichte; daneben gab er aber auch oft ganz spontan spezielle Schauungen von sich, welche die Betroffenen naturgemäß am allermeisten schokkierten.

Der Baumsteftenlenz berichtet von einem solchen Fall, welcher zudem beweist, daß der Waldhirte beileibe kein Scharlatan war: Im Biergarten des »Zwieseler Waldhauses« saßen Paul Friedl und andere mit dem Prokop beisammen; friedlich trank man seine Maß und unterhielt sich. Auf einmal ging ein anderer Gast am

Tisch vorbei; Dirndorfer lautete sein Name, von Beruf war er Holzfäller. Da brach es aus dem Hellseher heraus: »Mei, der arme Mo! Den wird der Baam daschlog'n!« – Drei Monate später ereilte den Waldarbeiter genau dieses Schicksal. Der Schachtenhirte hatte es spontan vorausgesehen.

Noch andere derartige Begebenheiten sind überliefert; ebenso berichtet Paul Friedl, daß der Waldhüter – genau wie der Bauernknecht Sepp Wudy – sehr oft verschlossen und in sich gekehrt war. Er hat wohl an seiner Gabe mehr gelitten als Freude gehabt, und auch das ist ja ein Kennzeichen präkognitiv veranlagter Menschen.

Gelitten hat der naturverbundene Prokop sicher auch, als er seinen letzten Abtrieb vom Rukowitzschachten durchführen mußte, weil dort oben im Zuge sogenannter Agrarreformen der Weidebetrieb eingestellt wurde. Prokop frettete sich noch einige Jahre als Arbeiter in einer Glashütte durch, wurde immer sonderbarer und verstarb 1965 in Zwiesel. »Unbeachtet und von seinen eigenen Angehörigen sehr mißverstanden«, wie Paul Friedl zu vermelden weiß.

Möglicherweise aber kommt die Zeit, da man die Visionen des Waldhirten Prokop besser verstehen wird . . .

Die Prophezeiungen
des Waldhirten Prokop

(Zitiert nach Paul Friedl; vom Autor etwas ans
Hochdeutsche angeglichen.)

*Ich schlaf und schlaf net, wenn ich in der Nacht in
der Hütt'n lieg. Aber Sach'n macht's mir vor,
zum Grausen, und ich schlaf doch net,
weil i draußt meine Stier hör und
den Wind und den Regen.*

*

*Einmal seh' ich, wie der Wind 's Feuer daherbringt,
und alle Bäum' brennen wie Zündhölzl.*

*

*Ein andermal seh' ich, daß drunten alles
verkommen ist, koa Mensch ist mehr da und
koa Haus. Grad noch Mauertrümmer.*

*

*Und alleweil wieder kommen Wolken, feuerrot,
und es blitzt, aber es donnert net.*

*

*Und amal ist alles finster, und drunten auf der
Waldhausstraß geht oana mit an brennend'n
Ast und schreit: Bin i wirkli no da Letzt'?
Bin i wirkli no da oanzig?*

*

Und nachher ist wieder der Himmel gelb
wie a Zitrona und is so tiaf herunten.

*

Koa Vogel singt, ich find' koan
Stier mehr und koa Wasser.

*

Auf'm Berg ist koans mehr und drunt im
Regen auch koa Tropfen mehr.

*

Muaß ja auch so kommen, weil d'Leut nix mehr
glauben, a jeder tuat, als wär' er allerweil
auf der Welt da, und a jeder moant,
was er wohl ist und noch werden könnt.

*

Werden noch alle 's Spinna ofanga
(größenwahnsinnig werden)
und moana, sie könnan von der G'scheitheit
leben und net von da Arbeit.

*

Dö, wo arbat'n, werden eh allerweil weniger,
und dö, wo vo dene ihrer Arbeit leb'n,
allerweil mehr.

*

Das Regieren ist halt leichter wia de Arbeit.

*

Alois Irlmaier

Sein Leben und seine Zeit

Artilleriefeuer lag auf den Laufgräben, deckte die primitiven Unterstände ein. Man schrieb das Jahr 1918; der Erste Weltkrieg war zu blindwütigem und verzweifeltem Morden kulminiert. Im Schützenbunker krümmte sich ein 24jähriger bayerischer Soldat in Panik über seinem Karabiner zusammen. Dann der schmetternde Einschlag; das Inferno eines Volltreffers. Der Landser Alois Irlmaier war im Unterstand verschüttet worden; im Nervenschock begann sein Körper konvulsivisch zu zucken, und der Tod schien jetzt schon ganz nahe zu sein. Doch dann das »Wunder«: Der bayerische Soldat wurde gefunden und geborgen; er war noch einmal davongekommen – freilich sollte sich sein Leben von da an total verändern. Die paranormale Gabe, die sich andeutungsweise manchmal schon bei dem Buben Alois gezeigt hatte, brach nach dem grauenvollen Erlebnis an der Front voll aus.

Alois Irlmaier wurde am 8. Juni 1894 in dem Weiler Scharam bei Maria Eck in Oberbayern geboren. Bauersleute waren seine Eltern, auf dem kleinen Anwesen ging es eher karg zu. Schon früh mußten auch die

Kinder zugreifen, so gut es eben ging – aber da haperte es manchmal bei dem halbwüchsigen Alois. Es wird berichtet, daß er oft rettungslos verträumt war; gelegentlich auch schienen ihn unvermittelt die Fraisen[18] zu beuteln, doch es war nicht die gefürchtete Krankheit, unter der er in Wahrheit litt. Es handelte sich vielmehr um ein erstes Aufflackern seiner paranormalen Fähigkeiten, die sich später – nach dem Verschüttetwerden – so immens ausbilden sollten. Immer dann, wenn Alois Irlmaier in seiner Jugend über bestimmte Stellen auf den Wiesen oder Feldern lief, schien etwas Unsichtbares an ihm zu zerren, so daß es ihn richtig schüttelte. Noch allerdings konnte sich niemand erklären, welcher »böse Geist« da zugange war.

Erst als sich ein Rutengänger des jungen Scharamers annahm, wurde der »Geist« entlarvt: Irlmaiers Körper reagierte instinktiv auf verborgene Wasseradern und unterirdische Quellen. Ja, er besaß die Gabe in so starkem Maße, daß er noch nicht einmal eine Wünschelrute benötigte. Nach dieser Erkenntnis war es nur logisch, daß Alois diese Fähigkeit auch für seinen späteren Beruf nutzen wollte. Er kultivierte seine Begabung als Sensitiver und erlernte parallel dazu das Handwerk eines Installateurs und Brunnenbauers.

Schon vor dem Ersten Weltkrieg half er so manchem, der auf seinem Grund Wasser suchte; richtete die Pumpen und Quellfassungen ein. Dann aber brach das Völkermorden aus, und Alois Irlmaier durchlitt es wie Millionen anderer Soldaten auch, bis im Jahr 1918 die Granate über seinem Unterstand detonierte.

Danach, wie gesagt, war er ein völlig anderer Mensch. Das Rutengehen war nur eine Vorstufe seiner eigentlichen paranormalen Kraft gewesen. Zwar arbeitete er nach dem Krieg weiter in seinem Beruf, doch immer häufiger schien sein Bewußtsein nun in eine völlig andere Dimension wegzugleiten. Urplötzlich befielen ihn kurze, ruckartige Krämpfe; die reale Umwelt verschwand und machte einer scheinbar irrealen Platz. Es war, als ob etwas ihm »Manndl vormache«, wie Irlmaier selbst es beschrieb. Er sah blitzartige Bilder – Ereignisse, Personen – die er sich nicht erklären konnte. Aber sie ängstigten und peinigten ihn; sie bedeuteten, da war er sich sicher, nichts Gutes.

Im Lauf der Zeit wurden die präkognitiven Konturen immer klarer. Der Brunnenbauer lebte mit seiner Familie jetzt in einem bescheidenen Häuschen in Freilassing, war oft mit dem Fahrrad in Oberbayern und Österreich unterwegs. Und wenn ihn dann wiederum die Gesichte überfielen, redete er nun gelegentlich darüber; auch der Zwang, sich mitzuteilen, wuchs. Auf den Bauernhöfen, wo er arbeitete, oder in den Wirtshäusern am Weg geschah dies; klar war, daß Alois Irlmaier eine Menge Spott erntete. Viele sahen in ihm noch immer nichts weiter als den Rutengänger, die Fähigkeit des Wasserfindens schätzten sie an ihm – das andere war suspekt. Irlmaier fühlte sich häufig mißverstanden, wurde deswegen vorübergehend fast menschenscheu. Als Hitler dann freilich Deutschland in den Zweiten Weltkrieg hetzte, war das Zweite Gesicht des Freilassinger Brunnenbauers auf einmal gefragt wie noch nie.

Alois Irlmaier wurde berühmt, weil er den Menschen zuhause Auskunft über das Schicksal der Soldaten an der Front zu geben vermochte. Hunderte, Tausende kamen zu ihm, um zu erfahren, wie es um den Bruder, den Vater, den Sohn oder den Gatten stehe. Der Seher sagte ihnen entweder: »Er kommt wieder heim!« – oder aber er schwieg betroffen und litt dabei sichtlich Qualen. Die Angehörigen wußten dann, daß sie nicht länger hoffen durften. Nur selten täuschte der Prophet sich, und nach dem Krieg ließ er einige Wißbegierige auch hinter die Kulissen seiner außersinnlichen Wahrnehmungen blicken. Wenn Irlmaier das Foto eines Landsers in der Hand gehalten hatte, dann hatte er diesen entweder in natürlichen Farben gesehen und gewußt: er lebte und würde leben – oder aber er hatte nur graue Konturen erschaut (»Tote als Schemen, wie hinter einem Schleier«), und dann hatte es keine Hoffnung mehr für die Verwandten gegeben.

Hochinteressant im Zusammenhang mit seinen großen Visionen ist die Tatsache, daß die Toten – wie Irlmaier selbst angab – mit ihm sprachen. Es scheint so gewesen zu sein, daß sie ihm die optischen Gesichte über die Zukunft der Menschheit, die er ja ebenfalls hatte, noch zusätzlich deuten wollten. Doch Irlmaier verstand nicht immer, was sie ihm zu sagen versuchten. Vieles blieb auch für ihn selbst im Dunkeln; vielleicht auch deswegen, weil seine präkognitiven Heimsuchungen ihn oft grausam anstrengten. Nachdem zunächst der »Riß« gekommen war, wie er seine »mentale Umpolung« selbst bezeichnete, fluteten die Bilder »wie ein Film« gegen ihn heran; gleichzeitig hörte er oft Wortfetzen der Verschleierten, aber er konnte den Kontakt nur halten, wenn er sich außerordentlich intensiv konzentrierte. Sehr schnell, oft sogar blitzartig, war die Vision dann wieder weg; Alois Irlmaier selbst mußte manchmal sogar mit körperlichen Schmerzen oder Zusammenbrüchen dafür bezahlen.

Trotz dieser Schwierigkeiten vermochte der Freilassinger Prophet im Lauf seines späteren Lebens eine Fülle von Bildern zu empfangen und weiterzugeben. Diese Schauungen warnen in äußerster Eindringlichkeit vor einer Katastrophe, welche die Menschheit schon in naher Zukunft heimsuchen könnte, falls die Vernünftigen auf Erden nicht endlich die Oberhand gewinnen. Doch neben dieser Beschwörung Harmageddons hatte Alois Irlmaier in der Zeit nach dem Zweiten Weltkrieg auch in anderen Bereichen erstaunliche Gesichte: Er war einer der wichtigsten »Mitarbeiter« der bayerischen und österreichischen Kriminalpolizei.

Immer wenn die Beamten in besonders kniffligen Fällen nicht mehr weiterwußten, konsultierten sie den Freilassinger Brunnenbauer. Und der Hellseher überführte mit Hilfe seiner Gabe eine ganze Reihe von Verbrechern oder brachte Licht in so manch dunkles Geheimnis. Eine erstaunliche Geschichte soll hier stellvertretend für viele andere stehen:

Die Kriminalbeamten fuhren in einem neuen Dienstwagen bei Alois Irlmaier vor. Spontan entfuhr es ihm: »Was wollt denn ihr mit eurem gestohlenen Wagen?!«

Der PKW war tatsächlich nicht legal in den Besitz des Staates gekommen, wie spätere Nachforschungen ergaben. Die Staatsanwaltschaft hatte ihn seinem früheren Besitzer zu Unrecht enteignet.

Ehe er noch auf den eigentlichen Fall angesprochen worden war, hatte der Mann mit dem Zweiten Gesicht also bereits einen anderen aufgeklärt. Doch die Polizisten waren wegen eines Mordfalles zu Alois Irlmaier gekommen. Man wußte, daß das Kapitalverbrechen geschehen war; die Justiz hatte freilich die Leiche bisher nicht finden können. Jetzt aber konzentrierte sich der Freilassinger – und dann beschrieb er den Kripo-Beamten haargenau den Ort, wo das Opfer verscharrt worden war. Irlmaier setzte hinzu: »Dort liegt er, und er hat eine silberne Platte im Bauch.«

Der Hellseher hatte sich beide Male nicht getäuscht. Man fand den Leichnam am angegebenen Platz; bei der gerichtsmedizinischen Untersuchung entdeckte man außerdem unter dem Bauchfell des Toten die Prothese aus Edelmetall, von der Alois Irlmaier gesprochen hatte. Das Mordopfer hatte die Platte aufgrund einer Kriegsverletzung getragen.

Alois Irlmaier, wie diese Episode zeigt, tat bestimmt sehr viel Gutes für die Gesellschaft, doch er mußte letztlich eine ganze Menge Schwierigkeiten deswegen hinnehmen. Nicht nur, daß seine großen Visionen ihn immer wieder quälten und an seiner Gesundheit nagten; auch seine Mitmenschen machten ihm das Leben, je bekannter er wurde, immer schwerer. Der Zustrom zu seinem bescheidenen Häuschen wurde zuletzt so groß, daß der Hellseher sich wohl oder übel sehr rigoros dagegen schützen mußte. Er zog einen hohen Stacheldrahtzaun um sein Anwesen, kaufte sich einen scharfen Schäferhund und brach den Kontakt zu seiner Umwelt fast völlig ab.

Gegen Ende seines Lebens war er zum Sonderling geworden. Nur mehr wenige handverlesene Freunde ließ er zu sich vor; denen sagte er mehr als einmal, wie froh er darüber sei, daß er die kommenden Zeiten nicht mehr durchzustehen brauche. Seine eigenen Weissagungen schienen ihm das Dasein zu vergiften.

Eine seiner letzten Prophezeiungen betraf ihn selbst. »Wenn ich eine Marienkapelle baue, dann muß ich sterben!« verkündete er. Trotzdem setzte Alois Irlmaier seinen aus naiver katholischer Frömmigkeit geborenen Plan in die Tat um. Das heißt, er begann mit dem Bau, vollendete ihn aber nicht mehr. Kaum standen die Grundmauern der Kapelle, erkrankte Alois Irlmaier und verstarb am 26. Juli 1959 im Freilassinger Hospital. Auf dem Friedhof von Salzburghofen wurde er begraben.

Seine letzte Ruhestätte ist zu einer Art Wallfahrtsort geworden, und das ist beileibe kein Wunder. Denn durch seine Visionen hat sich Alois Irlmaier als der bedeutendste bayerische Prophet des 20. Jahrhunderts ausgewiesen.

Die Prophezeiungen
des Alois Irlmaier

(Vom Autor zusammengestellt nach Friedl,
Backmund, Bekh und Stocker.)

*Zwei Männer bringen einen dritten,
einen Hochgestellten, um.*

*

Sie sind von anderen Leuten bezahlt worden.

*

*Der eine Mörder ist ein kleiner, schwarzer Mann.
Der andere etwas größer, mit heller Hautfarbe.*

*

*Ich denke, auf dem Balkan wird es sein,
kann es aber nicht genau sagen.*

*

Südöstlich von uns geschieht es.

*

*Dem Krieg geht voraus ein fruchtbares Jahr
mit viel Obst und Getreide.*

*

*Nach der Ermordung des Dritten
geht es über Nacht los.*

*

Die Mörder kommen ihnen aus, aber dann staubt es.

*

*Ich sehe ganz deutlich drei Zahlen,
zwei Achter und einen Neuner.*

*

*Was das bedeutet, weiß ich nicht;
eine Zeit kann ich nicht sagen.*

*

*Von Sonnenaufgang kommt der Krieg,
und es geht sehr schnell.*

*

*Die Bauern sitzen beim Kartenspielen im Wirtshaus,
da schauen die fremden Soldaten bei den
Fenstern und Türen herein.*

*

*Ganz schwarz kommt eine Heersäule von Osten,
ganz schwarz kommt es über den Wald herein.*

*

*Einen Dreier seh' ich, weiß aber nicht,
sind's drei Tage oder drei Wochen.*

*

Von der Goldenen Stadt geht es aus.

*

*Der erste Wurm geht vom blauen Wasser
nordwestlich bis an die Schweizer Grenze.*

*

*Der zweite Stoßkeil geht von Sachsen aus
direkt nach Westen, der dritte von
Nordosten nach Südosten.*

*

*Bis Regensburg steht keine Brücke mehr
über die Donau, südlich vom blauen
Wasser kommen sie nicht.*

*

*Die Stadt Landau an der Isar leidet schwer
durch eine verirrte Bombe oder Rakete.*

*

*Tag und Nacht rennen sie unaufhaltsam,
ihr Ziel ist das Ruhrgebiet.*

*

*Ich sehe die Erde wie eine Kugel vor mir,
auf der nun die weißen Tauben heranfliegen;
eine sehr große Zahl, vom Sand herauf.*

*

*Eine klare Nacht wird es sein, wenn sie
zu werfen anfangen.*

*

*Die Panzer rollen noch, aber die Fahrer sind
schon tot; sie sind ganz schwarz geworden.*

*

Es regnet einen gelben Staub in einer Linie.
Die Goldene Stadt wird vernichtet, da fängt es an.
Wie ein gelber Strich geht es hinauf
bis zur Stadt in der Bucht.

*

Dort, wo es hinfällt, lebt nichts mehr,
kein Mensch und kein Tier, die Pflanzen
werden welk und schwarz.

*

Die Häuser stehen noch. Was das ist,
weiß ich nicht und kann es nicht sagen.

*

Es ist ein langer Strich. Wer darüber geht, stirbt.
Die herüben sind, können nicht hinüber,
und die drenteren können nicht herüber.

*

Dann bricht bei den Heersäulen
herüben alles zusammen.

*

Sie müssen alle nach Norden. Was sie bei
sich haben, schmeißen sie alles weg.
Zurück kommt keiner mehr.

*

Während oder am Ende des Krieges sehe ich
am Himmel ein Zeichen.

*

*Welche Jahreszeit es ist? Trüb, regnerisch und
Schnee durcheinander, vielleicht Tauwetter.
Auf den Bergen ist Schnee, gelb schaut es her.
Herunten ist es aper.*

*

*Während des Krieges kommt die große Finsternis,
die 72 Stunden dauert.*

*

Finster wird es werden an einem Tag unterm Krieg.

*

*Dann bricht ein Hagelschlag aus mit Blitz und
Donner, und ein Erdbeben schüttelt die Erde.*

*

*Aufs Hauptquartier schmeißen sie was runter.
Eine Kirche sehe ich auf einem Berg,
der Altar schaut nach Norden,
die Kirche sehe ich brennen.*

*

*Die Flieger werfen ihre kleinen, schwarzen Kästchen
ab. Sie explodieren, bevor sie den Boden berühren.
Ein Jahr lang darf kein Lebewesen dieses
Gebiet mehr betreten, ohne sich größter
Lebensgefahr auszusetzen.*

*

Geht nicht hinaus aus dem Haus!

*

Die Lichter brennen nicht, außer Kerzenlicht;
der Strom hört auf.

*

Wer den Staub einschnauft, kriegt einen
Krampf und stirbt.

*

Macht die Fenster nicht auf, hängt sie
mit schwarzem Papier zu.

*

Alle offenen Wasser werden giftig und alle offenen
Speisen, die nicht in verschlossenen Dosen sind.

*

Eßt auch keine Speisen in Gläsern,
die halten es nicht ab.

*

Draußen geht der Staubtod um,
es sterben sehr viele Menschen.

*

Nach 72 Stunden ist alles wieder vorbei.

*

Aber noch einmal sage ich es: Geht nicht hinaus,
schaut nicht beim Fenster hinaus, laßt die Kerze
oder den Wachsstock brennen.

*

Kauft ein paar verlötete Blechdosen mit
Reis und Hülsenfrüchten.

*

*Brot und Mehl hält sich, Feuchtes verdirbt, wie
Fleisch, außer in blechernen Konservendosen.*

*

*Wasser aus der Leitung ist genießbar,
nicht aber Milch.*

*

*Recht viel Hunger werden die Leute so nicht haben,
während der Katastrophe und Finsternis.*

*

*Die Flüsse werden so wenig Wasser haben,
daß man leicht durchgehen kann.*

*

*Das Vieh fällt um, das Gras wird gelb und dürr,
die toten Menschen werden ganz gelb und schwarz.*

*

Der Wind treibt die Todeswolken nach Osten ab.

*

*Am Rhein sehe ich einen Halbmond, der alles
verschlingen will. Die Hörner der Sichel wollen
sich schließen. Was das bedeutet, weiß ich nicht.*

*

Drei Städte sehe ich untergehen.

*

*Die Inseln vor der Küste gehen unter,
weil das Wasser ganz wild ist.*

*

134

*Ich sehe große Löcher im Meer, die fallen dann
wieder zu, wenn die riesigen großen
Wellen zurückkommen.*

*

*Die schöne Stadt am blauen Wasser versinkt fast
ganz im Meer und im Schmutz und Sand,
den das Meer hinauswirft.*

*

*Ein Teil Englands verschwindet, wenn das Ding
ins Meer fällt, das der Flieger hineinschmeißt.
Dann hebt sich das Wasser wie ein festes Stück
und fällt wieder zurück. Was das ist, weiß ich nicht.*

*

*Eine große Stadt wird durch Raketengeschosse
vernichtet werden.*

*

Paris wird zerstört, die eigenen Leute zünden es an.

*

*In Rußland bricht ein Bürgerkrieg aus.
Die Leichen sind so viel, daß man sie
nicht mehr wegbringen kann von den Straßen.
Die Großen unter den Parteiführern
bringen sich um, und im Blut wird
die lange Schuld abgewaschen.*

*

Im Stiefelland bricht eine Revolution aus.
Ich glaube, es ist ein Religionskrieg,
weil sie alle Geistlichen umbringen.

*

Ich sehe Priester mit weißen Haaren
tot am Boden liegen.

*

Hinter dem Papst ist ein blutiges Wasser
(andere Fassungen: Messer)
und tote Priester mit weißen Haaren.

*

Der Papst flieht nach Südosten oder
über das große Wasser.

*

Drei Neuner sehe ich, der dritte Neuner
bringt den Frieden.

*

Nach der Katastrophe werden mehr Menschen tot
sein als in den zwei Weltkriegen zusammen.

*

Frieden wird dann sein und eine gute Zeit.

*

Die Gesetze, die den Kindern den Tod bringen,
werden ungültig nach der Abräumung.

*

Wenn's herbsteln tut, sammeln sich
die Leute in Frieden.

*

*Zuerst ist noch eine Hungersnot, aber dann kommen
so viele Lebensmittel herein, daß alle satt werden.*

*

*Die landlosen Leute ziehen jetzt dahin, wo die Wüste
entstanden ist, und jeder kann siedeln, wo er mag,
und Land haben, soviel er anbauen kann.*

*

*Durch die Klimaänderung wird bei uns wieder Wein
gebaut, und es werden Südfrüchte bei uns wachsen.
Es ist viel wärmer als jetzt.*

*

*Nach der großen Katastrophe wird eine lange,
glückliche Zeit kommen. Wer's erlebt, dem
geht's gut, der kann sich glücklich preisen.*

*

Hedwig Eleonore Seeler

Ihr Leben

Alois Irlmaier war im Ersten Weltkrieg nach einem Artillerieüberfall verschüttet; Hedwig Eleonore Seeler »erlebte« ihren eigenen klinischen Tod. Die Parallelen – ich werde im zweiten Teil dieses Buches noch darauf zu sprechen kommen – sind unübersehbar. In den äußersten Randbezirken ihres irdischen Daseins erfuhren beide Hellseher ihre Initiation.

Die mentale Erweckung traf Hedwig Eleonore Seeler in ihrem 28. Lebensjahr. Die Frau, die damals etwa so alt wie das 20. Jahrhundert war, erkrankte schwer. Es dauerte nicht lange, da stellte sich der klinische Tod ein. Hätte Hedwig auf einer modernen Intensivstation gelegen, so hätten die Instrumente keinerlei biologische Funktionen mehr angezeigt. Der Arzt in der Weimarer Republik hatte bereits den Totenschein ausgestellt. Die Angehörigen trauerten, die Beerdigung wurde vorbereitet. Doch dann trieb es eine Verwandte sehr nahe zu der aufgebahrten »Leiche« . . .

Die Finger der Lebenden berührten die Haut der scheinbar Verstorbenen. Und plötzlich war da etwas: ein winziges Zittern, eine kaum zu registrierende Reaktion. Aber das genügte der Angehörigen, um aufgeregt noch einmal die Mediziner zu rufen. Das »Wunder« geschah: Hedwig Eleonore Seeler konnte durch ärztliche Kunst wiederbelebt werden. Doch sie kehrte als ein völlig verwandelter Mensch in ihr diesseitiges Dasein zurück.

Die 28jährige hatte in der Phase ihres klinischen Todes die Anderswelt geschaut; von den Kelten »Avalon« genannt: das Reich »hinter den Nebeln«. Hedwig Eleonore Seelers spätere Aussagen lassen keinen Zweifel daran. »Man kann in zwei Welten leben und kann sich dagegen nicht wehren«, schrieb sie. »Zeit und Raum spielen keine Rolle.«

Konkreter ausgedrückt: Von dem Moment ihrer dramatischen Initiation an stand die junge Frau in Kontakt mit Existenzen sowohl aus der Vergangenheit als auch aus der Zukunft. Jahrhunderte vor ihr geborene Menschen, aber auch solche, die erst noch biologisch gezeugt werden sollten, hatten ihr sozusagen durch die Nebel hindurch die Hände gereicht. Und Hedwig Eleonore Seeler konnte nun Informationen von ihnen bekommen, welche weit über die Grenzen hinausreichten, die einem durchschnittlichen Individuum abgesteckt sind.

Immer wieder geschah jetzt etwas mit der Hellseherin, das sie als »Erlebnis«, »Inspiration« oder »Verbindung mit dem Astralleben Verstorbener« bezeichnete. Wobei die »Verstorbenen« möglicherweise auch »Noch-nicht-Wiedergeborene« sein können. Auf jeden Fall wurden blitzartige Kontakte mit der Anderswelt hergestellt, und dann »sah« Hedwig Eleonore Seeler quasi zeitrafferschnell Ereignisse, die vor oder nach ihrer eigenen Gegenwart stattfanden beziehungsweise stattfinden sollten.

Mehr noch! Sie konnte unter Umständen sogar »Dialoge« mit Verstorbenen führen – und einer davon war, wie sie immer wieder versicherte, der Stormberger! Ehe dies freilich möglich wurde, mußte Hedwig Eleonore Seeler zunächst in die Landschaft geführt werden, in welcher der Waldprophet Jahrhunderte vor ihr gewirkt hatte.

Dies geschah nach dem Zweiten Weltkrieg, nachdem die Paranormale ihre Vertreibung aus der alten Heimat durchgestanden hatte und in Berlin seßhaft geworden war. In diesen Jahren verspürte sie eine immer stärkere Affinität zum Bayerwald und nahm schließlich sehr zielsicher zunächst briefliche Verbindung nach Rabenstein auf. Der dortige Heimatpfleger Heinz Waltjen, ein ernsthafter Stormberger-Forscher, der übrigens auch Alois Irlmaier persönlich gekannt hatte, war ihr Ansprechpartner. Zuletzt lud er sie in die Zwieseler Gegend ein, aber auch immer »heftigere« Gesichte spielten dabei eine Rolle. Unter dem Hennenkobel dann kam es zur ersten »Begegnung« Hedwig Eleonore Seelers mit dem Stormberger.

Sie fiel in Trance, ihre Gesichtszüge veränderten sich nach Zeugenaussagen völlig, und dann sprach sozusagen der Waldprophet aus ihr. Während vieler Aufenthalte der Berlinerin in den folgenden Jahren und Jahrzehnten wiederholte sich dies immer wieder; am Ende fügten sich die Visionen zu hochinteressanten Informationen über den Aschenbrenner des 18. Jahrhunderts zusammen.

Dies ist der eine Bereich der Schauungen, die Hedwig Eleonore Seeler hatte, sie gab aber auch – freilich etwas weniger spektakuläre – Prophezeiungen über die Zukunft ab. Gewissenhaft schrieb sie alles nieder, was sie aus der Anderswelt erfuhr; das Konvolut umfaßt laut Paul Friedl um die 1000 Schreibmaschinenseiten. Leider wurde aber bis jetzt nur ein winziger Bruchteil davon veröffentlicht. Hedwig Eleonore Seeler, eine sehr bescheidene und einfache Frau, scheute nämlich die Publicity und gab Heinz Waltjen, der ihre Manuskripte für sie verwahrte, Anweisung, sie nicht jedermann zugänglich zu machen. Vor allen Dingen sollten die Schauungen möglichst nicht an die Presse gegeben werden.

Paul Friedl erreichte jedoch die Genehmigung der Visionärin, wenigstens einige Auszüge der Texte unters Volk zu bringen, so daß sie wiederum in diesem Buch zitiert werden können.

Es sind Gesichte, welche die inzwischen verstorbene Hedwig Eleonore Seeler in Berlin, Rabenstein und Zwiesel (dort u.a. im »Hotel zur Post«) hatte; immer spontan, immer in jähen »Anfällen« von Trance. Bemerkenswert daran ist, daß nicht sie spricht, sondern – wie sie stets versicherte – der Stormberger durch ihren Mund.

Aussagen der Hedwig Eleonore Seeler über das Leben des Waldpropheten Stormberger

(Vom Autor wörtlich oder sinngemäß zitiert nach Friedl)

Mit den Bärentreiberleuten bin ich nach Rabenstein gekommen.

*

Das sind aber nicht meine Eltern gewesen.

*

Meine Mutter war eine ledige Magd.

*

Die Bärentreiberleute sind im Sturm umgekommen.

*

Rotes Haar, einen Bart und einen verletzten Arm habe ich gehabt.

*

Bin nicht so alt geworden, wie sie heute sagen, sondern nur 69 Jahre.

*

Mir hat keiner was in den Mund gelegt, hat es auch nicht gebraucht.

*

Ich bin gefunden worden und dageblieben, bis ich
vor Schmerz am Bein tot zusammengebrochen bin.

*

Der Biß vom Bären ist nicht geheilt.

*

War ein Hirte, bin es geblieben, der Wald
war meine Heimat.

*

Die Leute mochten mich, aber als ich
um die Dreißig war, fürchteten sie mich.

*

Ich bin nie fromm gewesen, aber zu den
Feiertagen in die Kirche gegangen.

*

Mühlen hab ich nicht können, aber
im Winter hab ich geschnitzt.

*

Weil ich im Sturm gefunden worden bin, hat man
mich genannt den (. . .) vom Sturm übern Berg.

*

Die Bärenleut' haben geredet wie die Waldler;
ich hab erst so reden gelernt.

*

Die allgemeinen Prophezeiungen der Hedwig Eleonore Seeler

(Wörtlich oder sinngemäß zitiert nach Friedl)

Hab keine Angst, auch wenn der Teufel mit den Teufeln einen Pakt schließt, ändert's nix an der Sach und ist auch kein Hindernis, daß Deutschland in 15 bis 20 Jahr zu Macht und Reichtum, Ansehen kommt.
(Die Prophezeiung ist datiert vom 10. 12. 1971.)

*

Die Zeit ist noch net rum. Wirst noch manches erleben, was die oben angerichtet haben.

*

Es läuft alles den Weg, um das Abräumen schneller herbeizuführen. Das laßt sich nimmer aufhalten, wirst schon sehen.

*

. . . wenn die Bäume verdorren und keine Blume mehr blüht, der Mensch kein Fenster aufmachen kann, weil er die Luft nicht verträgt, die Toten kein Grab finden und die Kinder Krüppelgeborene sind und die Zeit ist, wo die Menschen wie Fetzen durch die Luft fliegen (. . .).

*

*Fünf bis sechs Finger und jedem eine Null
anhängen, das ist die Zeit vom großen Abräumen.*
(Die Prophezeiung ist datiert vom 30.6.1970.)

*

*Was jetzt auf euch zukommt, und das in Bälde, bringt
eine große Veränderung und nicht zum Guten.*

*

*Es schlängelt sich noch eine Weile so dahin.
Für Deutschland besteht noch keine Gefahr,
aber ringsherum spürt man es schon.*

*

*So man es versteht, es sich einzuteilen,
ist noch lange an Not nicht zu denken
und aller Schrecken noch zu ertragen.*

*

*Aber die Zeit eilt einem Zerfall entgegen
und ist nicht mehr aufzuhalten.*

*

*Amerika muß viel einstecken, der Chines'
macht den Russen fertig.*

*

*Kälte und Erdbeben werden vielen Menschen
den Tod bringen.*

*

Feuer umzüngelt die Welt des Ostens,
da dort das rote Roß alles verschlingen will,
was ihm aber zum Verhängnis wird,
da es die Kraft eines Feindes unterschätzt.

*

Doch es braucht seine Zeit, bis das
Ende des Schreckens herankommt.

*

Aber es wird ertragen von denen, die Verstehen
füreinander haben.

*

Die Armen beklagen die Reichen, die da glauben,
Sicherheit gefunden zu haben.

*

Besinnlicher werden die Menschen.

*

Diese Prophezeiungen haben Gültigkeit bis
ins Zeitalter 2111, da sich bereits der
größte Teil erfüllt hat und sich
im 20. Jahrhundert vielleicht erfüllt.

*

Das zeigt sich schon in der Gegenwart,
die das große Abräumen bereits erkennen läßt.

*

Der Anonymus
aus dem Waldviertel
Sein Leben

Die Präkognition ereignete sich 1960, in der heißen Phase des amerikanischen Präsidentschafts-Wahlkampfes. In einem Wahrtraum sah sich ein damals 22jähriger Bauer aus dem österreichischen Waldviertel in der Gastwirtschaft seines Dorfes sitzen. Im Hintergrund lief der Fernsehapparat; plötzlich wurde das Programm unterbrochen und eine entsetzliche Meldung gesendet: »Soeben ist Präsident Kennedy ermordet worden!«

Erschüttert kehrte der junge Landwirt in die Wirklichkeit zurück. Am folgenden Tag, als er in der Zeitung einen Bericht über die Präsidentschaftskandidatur John F. Kennedys las, sagte der Waldviertler Bauer zu einem Bekannten: »Der da, der Kennedy, wird Präsident! Und ermordet wird er auch!«

Der Freund nahm den Propheten nicht ernst. Doch drei Jahre später, am 22. November 1963. holte die Realität die Vision ein. In Dallas wurde das amerikanische Staatsoberhaupt heimtückisch erschossen. Und der Paranormale aus Österreich erlebte die Nachricht haargenau so mit, wie er sie 1960 präkognitiv gesehen hatte: in der Gastwirtschaft seines Dorfes, vor dem bewußten Fernsehapparat.

Wolfgang Johannes Bekh schildert den Fall in seinem Buch »Das dritte Weltgeschehen«, und noch eine weitere erstaunliche Geschichte über den österreichischen Hellseher weiß der Münchner Autor dort zu berichten: Der Visionär prophezeite nicht nur das Attentat von Dallas, sondern auch den Einsturz der Wiener Reichsbrücke Jahre später; er bewies auch dadurch, daß er beileibe kein Scharlatan ist.

Vielleicht ist gerade das der Grund, warum sich der Prophet aus dem Waldviertel gegenüber der Öffentlichkeit auffällig zurückhält. Der geheimnisvolle Mann scheut die Publicity; er möchte um keinen Preis von den leider oft unseriösen Medien vermarktet werden. Deswegen ist es auf diesen Blättern auch nicht möglich, seinen Namen zu nennen; Bekh, der Entdecker des »Anonymus aus dem Waldviertel«, hat es in seinem Werk ebenfalls nicht getan. Aber einige Lebensdaten des österreichischen Hellsehers unserer Tage sind mittlerweile greifbar. Sie stehen »zwischen den Zeilen« in verschiedenen Briefen, in denen der Prophet in den 70er Jahren dem Münchner Schriftsteller sowie anderen Vertrauenspersonen seine Gesichte mitteilte.

Geboren wurde der Anonymus 1938 in einem Dorf am Rande des Truppenübungsplatzes Döllersheim. Das ist die Gegend nahe der Kleinstadt Zwettl, etwa 30 Kilometer von der tschechischen Grenze entfernt. Der

Hellseher stammt aus einer bäuerlichen Familie und übt diesen Beruf bis heute auch selbst aus. Sein Hof ist nicht unbedeutend; der Landwirt bewirtschaftet etwa 150 Tagwerk Ackergrund mit Hilfe moderner Maschinen. Es läßt sich also sicher sagen, daß der Waldviertler kein weltfremder »Spinner« ist, aber er hat andererseits durchaus seine Eigenheiten. So war er zumindest 1979 – im Alter von 41 Jahren – noch ledig und lebte einsam mit seiner betagten Mutter unter einem Dach. Und manchmal – jetzt wird es hochinteressant – treibt es ihn bis heute ins Bayerische hinüber; vorzugsweise und wie von einem Instinkt geführt, hält er sich dann in Zwiesel und Rabenstein (sic!) auf.

Doch wir erfahren aus den von Bekh zitierten Briefen noch mehr. Meistens überkommen den Propheten seine Schauungen, wenn er nach Feierabend entspannt in seinem Sessel sitzt, oder aber es geschieht gleich nach dem morgendlichen Aufwachen im Bett. Der Anonymus aus dem Waldviertel sieht dann eine Art Film vor seinen offenen Augen ablaufen, wobei der Rand seines Blickfeldes aber nach wie vor die Realität zeigt. Die Visionen selbst spielen sich gleichzeitig im Zentrum seiner Pupillen ab. Es sind sehr lebendige und naturgemäß oft dramatische Szenen; manchmal kann es geschehen, daß sich der Bauer selbst in einer zukünftigen Katastrophensituation beobachtet. Dies wiederum deutet darauf hin, daß gewisse Schauungen des Waldviertlers schon sehr bald eintreffen werden oder könnten. Er ist ja, wie gesagt, 1938 geboren, und seine Lebensspanne wird vermutlich nicht weit über die Jahrtausendwende hinausreichen.

Der Hellseher nahm seine Gabe am Anfang gar nicht sonderlich ernst; nahm sie nach eigenen Aussagen eher wie etwas ganz Natürliches hin. Erst als er mit dermaßen gravierenden Visionen wie etwa der Ermordung Kennedys konfrontiert wurde, begann er sich auch für die Theorie des Paranormalen zu interessieren und nahm im Zusammenhang damit Kontakt zu dem Parapsychologen Professor Bender in Freiburg sowie zu verschiedenen Autoren einschlägiger Werke auf. Sie alle waren fasziniert von dem, was da aus der Zukunft ans »Tageslicht der Gegenwart« kam, und auch dem Verfasser dieses Buches ergeht es nicht anders. Freilich ist es eine mit großem Schrecken verbundene Faszination, denn der Anonymus aus dem Waldviertel zeichnet durch die Fülle seiner Schauungen ein globales Weltuntergangs-Szenario, das alles, was die vielen Propheten vor ihm sagten, noch zu übertreffen scheint.

Die Prophezeiungen
des Anonymus
aus dem Waldviertel

(Der folgende Text wurde vom Autor aus den von
Wolfgang Johannes Bekh zitierten Briefen des Hellsehers zusammengestellt und teilweise in direkte Rede
übertragen.)

*Ein Konflikt auf dem Balkan und die Zerstörung New
Yorks, das ist der Anfang der kriegerischen Auseinandersetzungen.*

*

*Die Überschwemmungen im Mittelmeergebiet werden
durch A-Waffenzündungen in großer Höhe über der
Adria, von Norden beginnend, hervorgerufen. Die Erschütterungen sind bei uns deutlich spürbar.*

*

*New York wird unerwartet bereits zu dieser Kriegszeit
durch kleine Sprengsätze, die sehr nieder explodieren,
zerstört. So entsteht der Eindruck, als würden die
Häuser von einem heftigen Sturm weggeblasen. Die
Häuser fielen nicht um oder in sich zusammen, sondern sie wurden meist als ganze, sich nur wenig nei-
gend, vom Explosionsherd weggeschoben. Sie zerrie-
ben sich dabei förmlich von unten her. Von vorne hatte
es den Anschein, als würden sie näherkommend im
Erdboden versinken.*

*

Im Explosionsherd sah ich nichts Feuerartiges.

*

*Es dürfte um die Mittagszeit (Ortszeit) sein. In Öster-
reich gibt es zu der Zeit noch keinen Krieg. Wie die
Meldung von der Zerstörung im Rundfunk durchgege-
ben wurde, wollte ich gerade eine Kleinigkeit essen
gehen. Bei uns ist etwa frühsommerliches Wetter.
Überall wurde heftig und aufgeregt diskutiert. Daß
dies der Racheakt von Terroristen sei, hörte ich sagen.
Sicher, was die Amerikaner gemacht hätten, sei nicht
schön gewesen. Daß man aber deswegen gleich eine
ganze Stadt zerstöre, das gehe entschieden zu weit! So
redeten die Leute.*

*

*Die Sterne fallen wie die Blätter. Wir schauten (. . .)
gegen den Himmel. Da schien sich die Sonne zu ver-
dunkeln. Alle glaubten, sie sähen die Sterne. Dabei
handelte es sich in Wirklichkeit um eine Art Glut – wie
Millionen weißglühende herabfallende Leuchtku-
geln – die, sich über gelblich, dann rötlich färbend, im
Osten beginnend zu Boden fiel. Wo sie auftraf, verbrannte fast alles Brennbare. In der Reihenfolge: Das
Getreide, der Wald, Gras und viele Häuser. Wir lösch-
ten, was wir konnten. Nachher schaute ich um mich:
ich sah, so weit ich blicken konnte, nur Rauch aufsteigen. Zu dieser Zeit gab es bei uns noch kein Kriegsge-
schehen.*

*

Der Krieg (...) beginnt in der Nähe der Adria und endet in der Türkei. Dabei werden die ersten größeren A-Waffen eingesetzt. Die Menschen im übrigen Europa sagen sich da noch erleichtert: Gott sei Dank nicht bei uns!

*

Eine Einzelvision: Ich sah die Russen wieder hier einziehen. Sie (...) verschanzten sich (...) auf den Hügelketten. Sie erschienen mir dabei außergewöhnlich hektisch und gereizt. Mir fielen bei ihnen keine sonderlich neuen Waffen auf.

*

Bereits vor der Endschlacht wird es bei uns wegen der stets wechselnden Front kaum ein Haus geben.

*

Ich war mit einigen Leuten in einem mit Holz erbauten Erdbunker. Es tobte eine riesige Panzerschlacht vom Raum Wien-Krems in Richtung Schrems-Gmünd. Nachher gab es fürchterliche Kämpfe in der Tschechei. Ich erkannte auch die mageren, haßerfüllten Gesichter der Angreifer.

*

Einige Zeit später: Es dürfte Abend sein. Wir vernahmen im Bunker heftige Erdstöße und Explosionen aus W-NW. Ich schaute vom Eingang in diese Richtung. Da war die Hölle los. Ich sah am Horizont in der Ferne im Rauch und Feuerschein der ununterbrochen erfolgen-

den Explosionen weißgelbe Lichtblitze. Es dürfte sich da um den Einsatz taktischer A-Waffen handeln.

*

Da erfolgte eine gewaltige, kurze weißgelbe Explosion, deren Feuerpilz von W über WNW reichte. Gleich darauf schoß eine alles überragende, eruptionsähnliche, qualmende, schwarzrote Feuersäule empor. Hoch oben, sicherlich über der Atmosphäre, gab es noch gewaltige Feuerwirbel. Ich wurde in den Eingang geschleudert und konnte wegen der Erschütterungen kaum Halt finden. Nachher verbrachten wir eine lange Zeit im Erdbunker.

*

Später ging ich mühevoll in Richtung S-SW. Es gab kein Haus, keinen Baum. Alles war mit Trümmern und Felsbrocken übersät. Irgendwo sah ich einen schwächlichen alten Mann sitzen.

*

Später: Ein Mann (. . .) mittleren Alters war (. . .) an eine Säule oder Ähnliches gefesselt. Zwei Männer gingen vor ihm umher und sprachen mir nicht Verständliches. Es schien, als wollten sie ihn erpressen. Der Mann rührte sich aber nicht. Sie quälten ihn auch mit einem Messer oder Ähnlichem. Der Mann blieb stumm. Da ging der Mann mit dem etwas längeren blonden Haar auf ihn zu, erschoß ihn, drehte sich um und ging.

*

Nachher sah ich so etwas wie einen Raumgleiter oder eine Rakete; sie war von einem modernen Flugobjekt wahrscheinlich deutscher Nationalität abgeschossen worden. Dieses mondfähreartige Gefährt war mit einer blitzeschleudernden Maschine ausgerüstet. Es ist das die einzige wirklich überlegene Waffe des Westens. Sie bewahrt Deutschland vor der totalen Niederlage. Mit ihr können auch Lenkwaffen der zweiten Generation (. . .) sicher bekämpft werden.

*

Bei dem Kampf in der Tschechei werden (. . .) massiert stärkste Nuklearwaffen eingesetzt. Es dürfte in der nördlichen Tschechei sein. Es ist zur späteren Abendzeit. Bis zum dunkelroten Feuerpilz gibt es viel Rauch. Erstmals bekommen viele Menschen wirklich Angst, der Erdball könnte das einfach nicht aushalten. Der radioaktive Niederschlag dürfte in unserer Gegend nicht so stark sein wie beim letzten Einsatz.

*

Es kommt zu dem von Irlmaier vorausgesagten Phänomen. Es ist der erste in der Stichflamme emporgeschleuderte, sich bewegende Auswurf. Die dabei ausgestoßenen Gase bewirken die Finsternis und die Atemkrämpfe der ungeschützten Lebewesen.

*

Der Auswurf nimmt später das Bild eines alleinstehenden großen Birkenbaumes an. Das Verharren vor dem Wiederherunterfallen gleicht den Laubbüscheln. Auch

155

ich sehe dieses Schauspiel, neben mir stehende Personen höre ich sagen: Wie ein Birkenbaum.

*

Beim Platzen der Erde kommt es zu einem Weltbeben, bei dem fast alles zerfällt, was zerfallen kann. Alle nachher noch lebenden Menschen stehen vor dem Nichts.

*

Die erste riesige Explosion ist sicherlich von einer oberirdischen Massenzündung atomarer Sprengsätze, die zweite nicht. Es könnte eine geologische sein, oder vielleicht eine Massenzündung von A-Waffen in Böhmens Kohlebergwerken. Etwa nach der Parole der totalen Vernichtung. Da kommt es in der westlichen Tschechei zum Platzen der Erdrinde. Der erste Auswurf wird bis zu 100 Kilometer oder weiter geschleudert.

*

Ich weiß (...), wie es nach dieser Katastrophe in Deutschland aussieht. Ich kämpfe da selbst (...) gegen die räuberischen Truppenreste.

*

Das Nächste: Wir kamen in ein wahrscheinlich südlicheres Gebiet.

*

Wir benützen nie viel Kleidung. Es friert uns nicht dabei.

*

Es gab schon wieder Sträucher, aber kaum Gras. Wir bauten uns davon Hütten, aber nicht mit hängendem (. . .), sondern mit querliegendem Geflecht. Sicher gibt es zu der Zeit keinen Regen. Anschließend machte ich Jagd auf Eßbares. Es waren vorwiegend Eidechsen oder ähnliche Tiere.

*

ZWEITER TEIL

Interpretationen, Rätsel,
esoterische Aspekte
und ein Beweis:

Der Mühlhiasl lebte!

Zusammenschau über
sechs Jahrhunderte

Über mehr als ein halbes Jahrtausend hinweg haben die in diesem Buch vorgestellten Prophetinnen und Propheten ihre Stimmen erhoben. Der Blinde Hirte von Prag wurzelt noch im Mittelalter, der Anonymus aus dem Waldviertel ist ein Mensch unserer Tage. Dazwischen finden sich Seher aus dem Barock, der Aufklärung, der Napoleonzeit und der einsetzenden Moderne. Die geschilderten Lebenswege und existentiellen Umfelder der einzelnen Präkognitiven unterscheiden sich oft diametral voneinander. Die Hochadelige, wenn auch verarmt, reicht in der paranormalen Dimension dem abgerissenen Aschenbrenner die Hand; der katholische Priester Holzhauser dem eher kirchenfeindlichen Mühlhiasl. In Österreich, Böhmen und Bayern wurden die Hellseher von ihren Gesichten gebeutelt; in Kaiserschlössern, Klöstern und Wirtsstuben geschah es. Die einen drückten sich gebildet aus, die anderen derb – und dennoch, trotz allem Trennenden, sagten sie alle dasselbe: verkündeten sie im Prinzip eine einzige Botschaft.

Liest man die Visionen vom 14. bis zum 20. Jahrhundert parallel, dann wird diese große Linie um so deutlicher. Ein Szenario, das zwischen Hoffnung und Harmageddon changiert, kristallisiert sich heraus. Beinahe ist man versucht, an »Geschichtsschreibung« jenseits der zeitlichen Fesseln zu glauben. Hier nun in komprimierter Form das, was die Propheten hinter dem Schleier erblickten.

Ein gesellschaftlicher und technologischer Wandel setzt ein; man erkennt das späte 19. und frühe 20. Jahrhundert. Soziale Umwälzungen, Klassenkämpfe und das Zerbrechen der Familienstrukturen kündigen sich an. Es wird eine Welt gezeichnet, in der es gärt; die sich zunehmend in Aufruhr befindet.

Sehr deutlich erkennbar sind die beiden globalen Kriege des gegenwärtigen Säkulums. Hitler tritt auf, wird beklemmend greifbar durch das Hakenkreuz im Wappen bei der Sibylle von Prag. Der großdeutsche Faschist verbündet sich mit dem Beilträger Mussolini in Italien. Der Mönch von Wismar erkennt Unterseeboote, Panzer malmen in den Schauungen der Gräfin durch die Tschechoslowakei; andere Seher machen Flugzeuggeschwader am Himmel aus.

Am Ende des ersten »Weltabräumens« stürzen in Europa die (meisten) Throne; kurz nach dem zweiten erfolgt die Vertreibung der Deutschen aus der Tschechei. Böhmens Glanz aber ist erloschen: Das Land leidet unter der kommunistischen Diktatur.

Bis hierher treten die älteren Visionäre quasi den

162

Beweis dafür an, daß sie keine Scharlatane sind. Genau deswegen wird es sich wohl auch bei dem, was nach den Weltkriegen kommt, nicht um Trugbilder handeln. Es kann – oder könnte – eintreffen.

Die Europäer glauben an den Frieden, doch sie täuschen sich. Eine dritte Katastrophe, die alles Bisherige in den Schatten stellt, bereitet sich vor. »Für ihren Übermut werden die Menschen bestraft«, sagt Sepp Wudy. Man denkt unwillkürlich an die hirnlose Zerstörung der Natur, an Gentechnik, an die Ausbeutung der »Dritten Welt«; an Herzlosigkeit, Ellenbogenmentalität und zynischen Materialismus; an den gerade jetzt wieder aufflackernden größenwahnsinnigen Nationalismus dazu.

Einen Konflikt auf dem Balkan prophezeien Alois Irlmaier und der Anonymus aus dem Waldviertel als unmittelbare Ursache für den Ausbruch des finalen »Weltabräumens«. Der Krieg greift offenbar irgendwann auf andere ehemalige Ostblockstaaten über. Doch er beschränkt sich nicht auf das derzeitige europäische »Armenhaus«. Womöglich durch internationalen Terrorismus leidet New York, werden die USA geschwächt, und das könnte wiederum der Auslöser für den Angriff der Östlichen auf die wohlhabenden Staaten des Abendlandes sein. »Magere, haßerfüllte Gesichter« erwähnt der Waldviertler Bauer im Zusammenhang mit den Aggressoren. Eine Schauung, die wie eine dichterische Metapher für sich spricht.

Es kommt zu schrecklichen militärischen Auseinandersetzungen in ganz Europa. High-Tech-Waffen werden dabei vor allem auf westlicher Seite eingesetzt. Ein Atomschlag erschüttert, wie es aussieht, das Zentrum des Kontinents. Riesige Landstriche sind verstrahlt, das Trinkwasser nuklear verseucht, die meisten Lebensmittel ungenießbar. Die Verzweifelten verkriechen sich in unterirdischen Bunkern oder Höhlen. Fauna und Flora sterben mit einem Schlag ab. Die Aggression aber geht weiter.

In äußerster Bedrängnis greift der Westen zu chemischen oder biologischen Kampfstoffen. Riesige Flugzeuggeschwader, die vielleicht aus Arabien kommen, lassen den »gelben Strich« von der Adria bis zur Nord- oder Ostsee abregnen. Die Nachschublinien der Angreifer werden dadurch abgeschnitten; gleichzeitig der Tod hunderttausendfach ausgesät. Mit Leichen im Inneren rollen die Panzer ziellos noch weiter, bis der Sprit verbraucht ist. Die überlebenden Truppen versuchen sich nach Norden zu retten.

Der totale Wahnwitz steht am Ende. In der heutigen tschechischen Republik ereignet sich eine unbeschreibliche Explosion. »Alles im Land wird verschüttet«, sagt der Blinde Hirte. »Alles versinkt in schwarze Tiefe«, prophezeit die Sibylle. Ganz konkret spricht der Anonymus vom Platzen der Erdrinde in der westlichen Tschechei. Und noch einmal der Hirte: »Die Menschen werden die Welt vernichten, und die Welt wird die Menschen vernichten.«

Im Zusammenhang mit dieser Katastrophe steht die gigantische Eruption, der »Birkenbaum«. Der Globus speit Feuer und Giftgas. Hundert Kilometer oder noch höher quillt der »Pilz« in die Stratosphäre. Eine 72stündige Finsternis verhüllt das Antlitz der Erde. Wer sich den Dämpfen und Niederschlägen ungeschützt aussetzt, stirbt.

Weltstädte gehen unter; ein »Weltbeben« erschaut der Bauer aus dem Waldviertel. Tsunamis[19] begraben ganze Küstenstriche unter sich. Die Atmosphäre ist angereichert mit Asche und anderen Schwebstoffen; hereingebrochen ist so etwas wie eine »atomare Nacht«.

Vermutlich nach dieser grauenhaften Finsternis kommt es zu einer Revolution, die sich gegen die katholische Religion oder die Religionen insgesamt richtet. Möglicherweise begreifen die Menschen, daß der Auslöser Harmageddons der Religionskrieg zwischen Orthodoxen, Katholiken und Moslems auf dem Balkan war. In Rom liegen die Priester in ihrem Blut. Der letzte Papst wird vertrieben oder ebenfalls getötet. Der vermeintliche Thron Petri stürzt. Was an christlichem Glauben noch bleibt, ist so klein, daß es mit einem Geißelschnappen, wie der Mühlhiasl sagt, verjagt werden kann.

Nach dem Untergang der autokratischen Religion(en) richten sich die überlebenden Menschen neu auf dem zutiefst getroffenen Planeten ein. Sie sind in ein vorindustrielles Zeitalter zurückgefallen. Das Erdklima hat sich verändert; in Mitteleuropa scheinen nun subtropische Verhältnisse zu herrschen. Der Wüstengürtel hat sich offenbar ausgeweitet. Diejenigen, welche die Katastrophe überstanden haben, müssen ihr

Dasein zumindest anfangs als Kleintierjäger und Sammler fristen.

Dann aber, nach der Vernichtung der verderblichen Gesellschaftsstrukturen, bricht eine friedliche und glückliche Epoche an. Von einem neuen, ganz andersartigen Tempel in Prag spricht die Sibylle. In einer nachchristlichen Ära scheint die europäische Menschheit zur Harmonie zwischen Leben und Religion, beziehungsweise Philosophie gefunden zu haben.

Die Zusammenschau aller in diesem Buch aufgeführten Visionen mündet also letztlich nicht in die Hoffnungslosigkeit, sondern trotz allem in einen Neuanfang ein. Dennoch bleibt andererseits das Entsetzliche, das in der gesamten bekannten Menschheitsgeschichte – der über Jahrhunderte vorbereitete Holocaust am jüdischen Volk unter moralischen und humanen Gesichtspunkten ausgenommen – ohne Beispiel ist. Der Homo sapiens (wie zynisch klingt der Begriff doch in diesem Zusammenhang!) scheint nach den Schauungen sämtlicher Propheten auf die dunkelste Stunde seiner Existenz zuzutreiben.

Zwangsläufig, wie schon in der Einführung zu diesem Werk angesprochen, ergibt sich daraus die für Abermillionen überlebensnotwendige Frage: Ist Harmageddon unausweichlich – oder kann es, möglicherweise in letzter Minute, doch noch verhindert werden?

Treffen Prophezeiungen
unabdingbar ein?

Die Zeiger der Uhr stehen in der Tat unmittelbar vor der zwölften Stunde!

Noch nie zuvor in ihrer langen Geschichte besaß die Menschheit das Vernichtungspotential, um sich selbst und den ganzen Planeten zu zerstören. Heute existiert es. Die Bunker, in denen global Atomwaffen gelagert sind, quellen über. Selbst kleinere Staaten verfügen mittlerweile über apokalyptische Sprengköpfe. Regierungen betreiben Giftküchen, mit denen verglichen selbst die Senfgasfabriken des Ersten Weltkrieges harmlos waren.

Die Welt lebt mit dieser Gefahr seit den Bombenabwürfen auf Hiroshima und Nagasaki. Sie überlebte – und manchmal war das ein »Wunder« – ein halbes Jahrhundert lang. Doch zum Ende des zweiten christlichen Jahrtausends kulminierte die Bedrohung. Die UdSSR zerbrach – und damit, wie wir inzwischen wissen, ein wesentlicher Stabilitätsfaktor auf unserem Globus. Die westlichen/christlichen Ideologen, die den »Kalten Krieg« geführt hatten, mußten plötzlich erkennen, daß sie einen Pyrrhussieg errungen hatten.

Innerhalb kürzester Zeit stürzte eine ganze Reihe von osteuropäischen Ländern zurück in einen Nationalismus, der ungleich gefährlicher ist als die zuvor oft so hektisch beschworene »kommunistische Agression«. Man hatte übersehen, daß der Marxismus selbst in seiner poststalinistischen Perversion noch immer in einem humanistischen Denkansatz gewurzelt hatte; für die Chauvinisten und Klerikalfaschisten, die sich jetzt am Ruder befinden, gilt dies nicht. Vor allem im islamischen Teil der ehemaligen Sowjetunion zeichnen sich Bündnisse ab, die erschreckend sind. Verstockte Nationalisten und religiöse Fundamentalisten reichen sich die Hände. Es könnte schon in naher Zukunft geschehen, daß sich dort eine neue Hydra[20] erhebt, deren Vorläufer Khomeini war.

Negative Entwicklungen sind aber auch im christlichen Teil des untergegangenen Sowjetreiches zu beobachten. Ein teuflisches Anzeichen dafür ist der Judenhaß, der sofort wieder aufflackerte, nachdem die Kirche ihre Freiheit zurückgewonnen hatte. Auch marschieren in Moskau orthodoxe Priester unter zaristischen Fahnen, und in Polen gab es kürzlich den Versuch seitens der katholischen Bischofskonferenz, die Trennung von Staat und Kirche aufzuheben – was ein Rütteln an den Grundfesten der eben erst geschaffenen Demokratie bedeutete.

Am schlimmsten stehen die Dinge – derzeit – im zerbrochenen Jugoslawien. Christen und Moslems wüten gegeneinander und gemeinsam gegen die Zivilbevölkerung wie einst die Marodeure im Dreißigjährigen Krieg. Im Prinzip geht es um die Vormachtstellung der einen oder anderen Religion auf dem Balkan, wobei Serben und Kroaten untereinander wiederum »offene Rechnungen« begleichen, die noch aus der Zeit des Ustascha-Regimes[21] von 1941 bis 1943 datieren. Daß primitivste nationalistische Obsessionen zusätzlich vor den jeweiligen Karren gespannt werden, braucht eigentlich nicht mehr erwähnt zu werden. Tatsache ist, daß angesichts der Bösartigkeit der jeweiligen Führer kein Menschenrecht mehr gilt; daß auf dem Balkan jegliche Zivilisation ein Ende gefunden hat.

Menschenverachtung also als Folge einer »Neuordnung« Europas – und die Zustände in Jugoslawien könnten sich aufgrund der Entwicklungen anderswo sehr schnell wie ein Flächenbrand ausweiten. Bereits jetzt ist der östliche Teil des Kontinents fürchterlich ins Schlingern geraten – und in den Bunkern unterhalb der brodelnden Oberfläche lagern nach wie vor die Nuklearwaffen der ehemaligen Roten Armee, sofern sie sich nicht bereits in den Händen potentieller nationalistischer oder klerikalfaschistischer Kriegsverbrecher befinden. Dasselbe gilt für die anderen hochentwickelten Rüstungs-»Güter« des früheren Warschauer Paktes, deren Zahl trotz gewisser Abrüstungs-Aktionen noch immer immens ist. Nach wie vor würden die Atomraketen, die chemischen und biologischen Sprengsätze, die Panzer- und Artilleriedivisionen dazu ausreichen, um die gesamte Menschheit nicht nur einmal, sondern vielfach zu killen.

Dies ist die Situation in Osteuropa, das zu einem Vulkan geworden ist, doch auch der Westen kann sich keineswegs seiner moralischen Integrität und seines Friedenswillens rühmen. Ein Beweis dafür ist das Auftauchen der Mafia in den ehemaligen Ostblockstaaten; auf zynischste Weise und ohne Rücksicht auf die Folgen wird verbrecherischer Profit gemacht: Profit, der aus der Prostitution notleidender Frauen kommt; aus Erpressung, Schwarzhandel, Waffengeschäften und der zusätzlichen Korrumpierung gewisser Politiker.

Während die Mafia illegal bis halblegal handelt, scheuen westliche Regierungen sich nicht, ihrerseits völlig offen mit dem Grauenhaften zu spielen. Der Rüstungsexport floriert trotz der Lippenbekenntnisse zur Abrüstung nach wie vor; um des Mammons willen armiert man instabile Regionen und Diktaturen auf, provoziert damit immer neue Bürgerkriege und immer neues Leid. Die Waffenschmieden des Westens werden als volkswirtschaftlich wichtig angesehen; damit wird argumentiert, in Wahrheit ist dies ein Schlag ins Gesicht jedes human denkenden Menschen.

Solches kann geschehen, weil der Humanismus in den abendländischen und amerikanischen Demokratien weitgehend zu einem bloßen Lippenbekenntnis verkommen ist; weil die Philosophie, die der Menschheit die Menschenrechte schenkte, mit Füßen getreten wird. In vielen Regierungen sitzen keineswegs mehr die Nachfahren eines Erasmus von Rotterdam, eines Hutten, eines Voltaire oder eines Abraham Lincoln; was diese einst an Werten schufen, haben jene zumindest partiell zu einer toten Hülle verkommen lassen. Und sie stehen damit in einer Reihe mit anderen, welche die Schönheit des Humanismus niemals wirklich begriffen haben.

Ein Menetekel dafür war eine Äußerung des islamischen Großmuftis von Jerusalem im Jahr 1948, unmittelbar nach der Gründung des Staates Israel. Die Juden müßten ins Meer getrieben und dort ersäuft werden, tönte der mohammedanische Hauptpfaffe. Nichts, gar nichts hatte er gelernt aus dem Holocaust am israelischen Volk; ebensowenig aus den Atombombenabwürfen über Hiroshima und Nagasaki. Der Großmufti blieb verstockt und schlug der Menschenliebe ins Gesicht, doch er ist nicht der einzige Religionsführer, dem dies vorzuwerfen ist. Der Vatikan äußerte sich zur Zeit des »Kalten Krieges« eher noch lebensverachtender, als nämlich die katholische Kirchenführung sowohl einen Atomkrieg gegen China als auch gegen die UdSSR moralisch rechtfertigte.

In Wahrheit ist so etwas Unmoral in allerhöchster Potenz; Organisationen, die den Anspruch erheben, geistig und seelisch wegweisende Instanzen zu sein, müßten genau das Gegenteil von dem verkünden, was der Jerusalemer Großmufti oder der Vatikan sagten. Versagen sie hier, wie geschehen, aus sehr durchsichtigen nationalistischen oder ideologischen Gründen, dann treiben sie die Zivilisation ungleich folgenschwerer als jeder marodierende militärische Großverband ihrem Untergang entgegen.

Dies ist der letzte und wichtigste Aspekt, der im

171

Zusammenhang mit einem möglicherweise nahe bevorstehenden »Weltabräumen« angesprochen werden muß: Die großen Weltreligionen Christentum und Islam haben die Botschaften der Menschheitslehrer, auf die sie sich fälschlicherweise berufen, nicht begriffen! Über zwei, beziehungsweise eineinhalb Jahrtausende hinweg handelten sie keineswegs im Sinne des Juden Jesus oder des Arabers Mohammed. Wo diese die friedliche geistige Auseinandersetzung gepredigt hatten, setzten die genannten Religionen wieder und wieder auf Gewalt; sie waren nicht Verkünder der Menschlichkeit, sondern ihre Widersacher. Deswegen, genau deswegen, klaffte die Schere zwischen technischem Fortschritt und moralischer Unvollkommenheit bei den Völkern immer weiter auf. Und nun, da die Waffentechnik so weit entwickelt ist, daß sie Harmageddon herbeiführen kann, scheint eine moralisch zurückgebliebene Gesellschaft nicht mehr imstande zu sein, die finale Katastrophe aufzuhalten. Es drängt sich unwillkürlich der Gedanke auf, daß die Propheten genau auf diese fundamentale Sünde der Religionen anspielen, wenn sie davon sprechen, daß die Kirche durch revolutionäre Gewalt untergehen wird, wonach dann etwas anderes an die Stelle der alten Tempel tritt.

Noch aber erstrahlt kein neuer geistiger und moralischer Glanz über der Erde; vielmehr scheint der Planet tatsächlich auf jene zwölfte Stunde zuzutaumeln, in der alles in schwarze Tiefe versinkt. Denn es ist fünf Minuten vor Zwölf, daran ist bei ehrlicher Betrachtung der Situation nichts mehr zu deuteln. – Exakt in diesem

Begreifen aber liegt auch das erste Quentchen Hoffnung! Sich der Realität zu stellen, bedeutet gleichzeitig, den ersten Schritt hin zur Rettung zu tun! Nur so können Maßnahmen gegen Harmageddon ergriffen werden, und damit kehren wir zu der Frage zurück: Ist das bittere Ende eines in 2000 Jahren gezüchteten Wahns unabwendbar?

Die Antwort, die bereits in der Einführung zu diesem Buch gegeben wurde, lautet: Ja!

Ja! – aber es muß schleunigst eine Umkehr der gesamten Menschheit erfolgen, und sie muß von den potenten Demokratien aus betrieben werden, welche die besten Möglichkeiten dazu haben. Diese Möglichkeiten sind einerseits materieller und humanitärer Art; andererseits sind sie intellektuell definiert, weil laizistische[22] Gesellschaften – so sie wirklich funktionieren – in weitestgehender geistiger Freiheit agieren können.

Dies aber, der gezielte Einsatz eines so weit wie möglich multikulturellen und innovativen Gehirn- und Herzpotentials, könnte den Bruch zwischen Technik und Moral in unserer noch unfertigen Zivilisation kitten. Dadurch könnte den verderblichen Dogmen und Ideologien ein ganz anderes philosophisches Lebensmodell entgegengestellt werden. Friedliche und menschenfreundliche Wege könnten aufgezeigt und begangen werden. Lernfähig, ohne irgendwelche Scheuklappen, müßte jede und jeder Einzelne werden, und eine derartige Gesellschaft müßte allen ihren Mitgliedern jeweils den ganz individuellen Lernprozeß zugestehen. Aus der Summe von Abermillionen nicht länger fehlgeleiteter Existenzen könnte dann eine neue Menschheit entstehen, welche den taumelnden Globus wieder in den Griff bekäme.

Sicher, dies ist ein großer und vielleicht sogar »weltfremder« Ansatz, doch wir bräuchten zu seiner Durchführung nicht bei Null anzufangen. Über Jahrhunderte hinweg wirkt ja bereits jene Philosophie, die oben angesprochen wurde. Es ist der Humanismus, und er hat – allen seinen kirchlichen und staatlichen Widersachern zum Trotz – sozusagen als positive parallele Entwicklungsschiene neben der negativen bereits eine Menge erreicht.

Wir besitzen ja schon die Demokratien, die Menschenrechtserklärungen und anderes, was als Werkzeug zur Abwendung der Katastrophe bloß konkret eingesetzt werden müßte. Unsere gegenwärtige Aufgabe ist nicht die Erfindung des Humanismus, sondern seine flächendeckende Verbreitung. Der Mensch, sein Leben, seine Wohlfahrt, seine geistige Freiheit müssen in den Mittelpunkt allen Strebens gestellt werden. Die ungefährdete menschliche Existenz muß – zumindest auf diesem Planeten – ins Zentrum des gesamten Kosmos gerückt werden. Die Augen eines Kindes, einer Frau, eines Mannes müssen das Allerwichtigste auf Erden werden; die Augen des anderen Menschen, die man sich selbst jedesmal vor Augen führt, ehe man eine Entscheidung trifft. Es darf kein Verletzen des Empfindens unserer Schwestern und Brüder mehr geben, und jedes Individuum muß darin bei sich selbst und seinem Nächsten anfangen.

Milliarden Revolutionen im kleinen könnten auf diese Weise stattfinden, und wenn dies gelingt, dann wird die Gesamtheit der Revolutionäre die Zustände auf diesem Planeten verändern. Die Menschen in Europa, in den USA, in den übrigen reichen Ländern werden sich dann ganz von selbst darauf besinnen, daß anderswo Leid in Menschenaugen lebt, und sie werden dann auch fähig sein, dieses Leid zu lindern; es wegzuwischen. Neid und Haß »auf der anderen Seite« werden dann logischerweise ebenfalls verschwinden.

Dies ist der Weg – und wir dürfen uns von seiner Großartigkeit keinesfalls abschrecken oder einschüchtern lassen. Nicht ängstlich will er begangen werden, sondern voller Begeisterung und Leidenschaft! Das, was geschehen soll, muß wie eine Paarung mit dem Leben selbst stattfinden!

In unseren Familien, in unseren Berufen, in unserer Freizeit müssen wir wahrhaft Humanisten werden, und wir werden Tag für Tag neu zu diesem Humanismus finden müssen. Nicht in der Theorie, vielmehr in der Praxis – und dazu gehört auch, daß wir uns nicht scheuen, die Feinde des Menschlichen beim Namen zu nennen, sie zu entlarven und sie so zu entmachten. Wir haben die Möglichkeiten dazu; wir können die Politiker und Kirchenfürsten an ihren Taten (oder Unterlassungen) messen, wie der mosaische Jude Jesus uns riet; dieses Kriterium zählt, nicht Parteibücher oder Prunkroben.

Ein Umbau also unserer eigenen und aller anderen Gesellschaften durch ein entschlossenes Bekenntnis zu

Humanismus und Demokratie! Das ist die Richtung, die wir einschlagen müssen – der Pfad wird zunächst noch schmal sein, wird aber schließlich einmünden in eine breite Chaussee. Immer mehr Menschen guten Willens werden sich auf diesem Weg die Hände reichen; gleichzeitig werden die Waffenhändler, die Dogmatiker, die Mafiosi, die Nationalisten, die Schreier, Trommler und Götzenanbeter abgedrängt werden in die Sümpfe, aus denen sie einst gekrochen sind.

Sang- und klanglos werden die meisten von ihnen verschwinden, dennoch werden Unverbesserliche sich zu behaupten versuchen. Allzu blauäugig wäre es, an die innere Wandlungsfähigkeit gewisser Erzverbrecher zu glauben, deren einziger Existenzzweck im Blutsaufen und in der Verneinung alles Moralischen besteht. Solche Autokraten, Diktatoren und Polit-Gangster verdienen keinerlei Schonung; wer von denen die Augen verschließt gegenüber den unverbrüchlichen Rechten aller anderen Menschen, muß von einer hier kämpferisch agierenden Weltgemeinschaft schnell und hart geschlagen werden. Eine von den »Vereinten Nationen« getragene Attentats-Organisation wäre eine Möglichkeit; eine andere sehr gute Lösung zeigte der Staat Israel 1960 auf, als Hitlers »Judenreferent« Adolf Eichmann aus Argentinien entführt, vor Gericht gestellt und hingerichtet wurde.

Welches Leid wäre der Menschheit erspart geblieben, hätte eine solche zutiefst gerechte Justiz nicht nur einen Eichmann, sondern auch einen Hitler, einen Stalin und später einen Großmufti von Jerusalem, einen

Idi Amin, einen Bokassa, einen Khomeini sowie andere Kriegshetzer getroffen! Und welches Leid könnte heute verhindert werden, wenn die Volksverhetzer in Serbien und Kroatien Tag und Nacht mit der angesprochenen Strafe rechnen müßten! Allein darum darf es aber auch gehen, wenn auf diesen Blättern Attentate oder Hinrichtungen gerechtfertigt werden! Stets nur notgedrungen, um den gewaltsamen Tod vieler Unschuldiger zu verhindern, darf der gewaltsame Tod Einzelner in Kauf genommen werden; nur dann kann selbst dieses äußerste Mittel als human bezeichnet werden!

Es wäre im ausgehenden 20. Jahrhundert auch human im Hinblick auf das drohende Harmageddon. Doch letztlich wird die Katastrophe nicht durch »negative Notwendigkeiten«, vielmehr durch das positive Denken, Wollen und Handeln verhindert werden. Das muß bestimmend, das andere darf höchstens marginal sein. Beides zusammen aber wird schon nach den ersten zaghaften Schritten das »Weltabräumen« zumindest um ein Quentchen hinausschieben. Werden die Schritte einer erneuerten Menschheit dann größer und weiter, dann wird auch der Wall zwischen dem Leben und dem Abgrund immer höher und stärker werden. Und am Ende wird die Menschheit aufatmen können, weil Harmageddon ein Alptraum geblieben ist; ein Alptraum freilich, der jederzeit zurückkehren kann, falls die Humanität wieder schwächer werden sollte.

Wir haben also noch eine Chance, wir rasen nicht unumkehrbar auf das totale Grauen zu; wir müssen nur auf die Warnungen hören, welche die verschiedenen Propheten uns seit Jahrhunderten zukommen lassen. Dann muß nicht eintreffen, was die Hellseher erschaut haben.

Aus dieser Überlegung ergibt sich jedoch – wenigstens scheinbar – sofort ein neues Problem; stellt sich eine weitere zwingende Frage: Wieso können Visionäre, wenn sie doch nachweislich keine Scharlatane sind, Katastrophen erwittern, die sich letztlich als »Trugbilder« erweisen?

Die Theorie der Parallelwelten

oder:
Eine Schnur enthält ein dutzend Fäden

Stellen wir uns den Weg vom zweiten ins dritte Jahrtausend als eine Schnur vor!

Ein Dutzend Fäden bündeln sich in ihr; jeder davon ist sozusagen ein Pfad, der von einem (fast) gleichen Anfang zu einem (fast) gleichen Ende führt. Und jeder einzelne Faden bietet uns die Möglichkeit, vorwärts zu kommen; scheinbar zu einem identischen Ziel.

Wir wählen einen der Pfade, doch in unserer menschlichen Unvollkommenheit sehen wir nicht genau, wo er mündet. Wir erkennen nicht, daß das Ende der Schnur ausgefasert ist und sich nahe einer Kerzenflamme befindet. Die Faser ganz rechts wird irgendwann in Brand geraten; diejenige ganz links nicht, weil sie einen Zentimeter weiter von der Glut entfernt ist. Wir aber laufen auf dem »verflochtenen Weg ins dritte Jahrtausend« ausgerechnet an jenem Faden entlang, der zuletzt verglühen wird.

Wir tun es, weil unsere Augen schwach sind – doch das gilt nicht für andere, die heller sehen: für die Propheten. Die Präkognitiven erschauen, daß wir ins Feuer taumeln werden. Sie erblicken das in allen grauenhaften Einzelheiten; sie erschrecken, sie schreien. Sie erkennen – um nun zu den Bildern aus dem ersten Teil dieses Buches zurückzukehren –, wie ein Dritter Weltkrieg ausbricht, wie Atombomben fallen, wie der Himmel brennt, wie Tsunamis heranbranden, wie Städte und ganze Inseln untergehen, wie die Erdkruste birst.

Diese Visionen sind durchaus Realität, weil die »Entwicklungsfaser«, welche die Menschheit sich ausgesucht hat, in der »Flamme« mündet. Wenn wir auf diesem Weg weitergehen, dann wird genau das eintreffen, was die Propheten sehen! Ihre Schauung gilt unverbrüchlich für die »Dimension« innerhalb der verflochtenen Schnur, für die wir uns entschieden haben.

Nun haben wir aber das Glück, daß sich unter uns ebendiese Warner befinden, die uns das katastrophale Ende des falschen Pfades drastisch ausmalen. Sie bringen uns ins Bewußtsein, wohin wir treiben, und sofern wir fähig sind, auf sie zu hören, gibt es Rettung. Wir können den gefährlichen inhumanen Pfad verlassen und uns dem parallel laufenden humanen anvertrauen. Auch dieser wird ins dritte Jahrtausend einmünden, doch es wird derjenige sein, der mit dem Feuer nicht in Berührung kommt. In dieser »Dimension« treffen die Endzeitvisionen nicht ein, doch das bedeutet nicht, daß die Propheten sich geirrt hätten; ihre Worte bleiben trotzdem wahr hinsichtlich der »Entwicklungsfaser«, auf die explizit sie sich bezogen.

Dies ist die Antwort auf die Frage, die wir uns weiter oben gestellt haben: Wir müssen die Prophezeiungen im Rahmen verschiedener möglicher Parallelwelten sehen! Sie sind mit derjenigen davon verknüpft, zu der sie gehören – und dies ist stets auch der wahrscheinlichste Weg, den die Menschheit zu Lebzeiten eines Hellsehers nimmt. Aber diese Richtung kann sich ändern, und dann ist der Visionär mit seinen Warnungen sozusagen in jenem anderen Bereich nicht mehr zuständig.

Ein gutes Beispiel dafür gibt es im Zusammenhang mit Alois Irlmaier. Bekanntlich sagte der Freilassinger den Ausbruch eines Dritten Weltkrieges für das Jahr 1950 voraus. Wir wissen, daß er sich darin »täuschte«; interessant in Verbindung mit der nicht eingetroffenen Prophezeiung ist nun aber die politische Entwicklung in der Zeit unmittelbar vor dem genannten Datum.

1948 wurde der Staat Israel gegründet, ein wahrhaft epochales Ereignis! Nach beinahe zwei Jahrtausenden der Diaspora und der grausamsten Verfolgungen durch die christlichen Kirchen und schließlich die Nazis durfte das jüdische Volk endlich wieder Heimat in seinem angestammten Land finden.

Die Geburtsstunde unserer Bundesrepublik Deutschland (23. Mai 1949) schlug nur wenig später. Eine Gesellschaft, von der große Teile entsetzliche Verbrechen auf sich geladen hatten, bekannte sich in jenem Frühling zur Demokratie und korrigierte damit (hoffentlich) endgültig eine katastrophale Fehlentwicklung.

Ebenfalls 1949 trat der amerikanische Präsident Truman engagiert für den Weltfrieden ein. In einem

Acht-Punkte-Programm gab er der Vermeidung eines neuen Krieges höchste Priorität und erklärte den Verzicht der USA auf fernöstliche Eroberungen. Ungleich wichtiger als Kolonialpolitik sei der Kampf für den Frieden auf Erden.

Am 14. Februar 1950 wurde ein seit langem schwelender Konflikt zwischen der UdSSR und Rotchina beigelegt. In einem Abkommen akzeptierten die beiden Staaten die Unabhängigkeit der »Mongolischen Volksrepublik«; weiter gab die UdSSR die okkupierte Mandschurei an China zurück.

Die Liste ließe sich noch fortsetzen; es wird aber auch so deutlich, daß in dem bewußten Zeitraum sehr wichtige positive Weichenstellungen vorgenommen wurden. Man kann sagen, daß die Welt damals trotz beträchtlicher Hindernisse einen großen Schritt hin zum Humanen tat, und vielleicht hat genau das den Ausbruch eines Dritten Weltkrieges im Jahr 1950 verhindert. Alois Irlmaier hätte sich dann nicht getäuscht; vielmehr hätten seine Warnungen (zusammen mit denen anderer Präkognitiver anderswo) ihren Zweck erfüllt.

Noch an einem anderen Beispiel läßt sich die Theorie der »parallelen Möglichkeiten« gut erläutern:

Angenommen, zwei Freunde wollen gemeinsam einen Flug von Frankfurt nach New York antreten. In der Nacht vor der Abreise sitzen sie in der Hotelbar, sie trinken ein paar Gläser, und dann hat der eine – nennen wir ihn Peter – plötzlich eine Vision. Er sieht sich und seinen Freund Franz in einem Wahr-Traum in der abstürzenden Boeing sitzen. Das Bild ist so zwingend, daß er fest daran glaubt und natürlich sofort seinen Begleiter warnt. Der jedoch verlacht ihn und führt die »Spinnerei« auf den Alkoholgenuß zurück. Am folgenden Morgen tritt Franz den Flug an; Peter dagegen weigert sich und bleibt in Frankfurt zurück.

Das Unglück geschieht tatsächlich. Die Boeing rast in den Atlantik – und wir müssen uns sagen, daß die Vision Peters sowohl eingetroffen als auch nicht eingetroffen ist. Denn was das abstürzende Flugzeug und den Tod von Franz angeht, wurde sie Wirklichkeit; Peter hingegen überlebte, obwohl er sich doch zusammen mit seinem Freund in der abschmierenden Boeing hatte sitzen sehen. Er entging der mörderischen »Entwicklungsfaser«, weil er auf die mentale Warnung gehört und quasi eine »parallele Möglichkeit« gewählt hatte.

Wenn man sich bewußt macht, daß wir möglicherweise nicht in einer ein –, sondern in einer vieldimensionalen Welt leben, dann kann man auch begreifen, daß Prophezeiungen entweder eintreffen können oder nicht – und daß die Hellseher sich dennoch nicht geirrt haben. Exakt dies ist aber, wie bereits im vorigen Kapitel ausgeführt, unsere Chance. Wir können dem Verhängnis entgehen, wenn wir auf die Stimmen der Seher hören, die uns sozusagen zurufen »Vorsicht, Abgrund!« Die Schlucht, die uns verschlingen will, existiert dann zwar trotzdem weiter; wir aber stürzen nicht hinein, sondern nehmen klugerweise den Pfad, der an ihrem Rand vorbeiführt.

Vom Innenleben der Propheten

Bisher haben wir von den »Auswirkungen« gesprochen, die Hellseher – hoffentlich – auf ihre Umwelt haben. Nun wollen wir das Abenteuer wagen, in die »Innenwelten« der Propheten einzutauchen. Wir wollen uns, unter anderem, die Fragen stellen, wie ein Mensch zum Präkognitiven wird oder werden kann und wie Schauungen eigentlich entstehen.

In meinen Romanen »Mühlhiasl – Der Seher vom Rabenstein«, »Der Blinde Hirte von Prag« sowie »Nostradamus, Der Prophet« habe ich mit poetischen Mitteln Antworten zu geben versucht. Immer wieder wollten Leser daraufhin wissen, wie ich denn eigentlich selbst Zugang zu diesen paranormalen Bereichen gefunden hätte. Ich erwiderte stets, daß erstens jeder Lernwillige auch lernen könne; zweitens hätte ich selbst ungewöhnliche mentale Erfahrungen gemacht (davon später); außerdem aber hätte ich in den frühen 80er Jahren das Glück gehabt, einen über jeden Zweifel erhabenen Hellseher sehr gut kennenzulernen.

Dieser Mann heißt Peter M.; er lebt heute in Regensburg, ist aber eigentlich Frankfurter mit verwandtschaftlichen Beziehungen nach Skandinavien. Ein Multikultureller also; ein moderner und aufgeschlossener Typ, der seinen Unterhalt zunächst ganz unspektakulär als Import-Export-Kaufmann verdiente. Doch dann wurde der erfolgreiche Mittdreißiger plötzlich mit dem Tod konfrontiert.

Peter erkrankte schwer und mußte eine komplizierte Lungenoperation über sich ergehen lassen. Der Eingriff mißlang; der klinische Tod trat ein. Die Ärzte stellten die Überwachungsgeräte ab, die Schwestern schoben den Leichnam auf einer Bahre in einen Nebenraum. Die Angehörigen wurden verständigt, die üblichen Begräbnisvorbereitungen liefen an. Aber Peter M. hatte einen Onkel, der sich mit dem scheinbar Unausweichlichen nicht abfinden wollte. Dieser Verwandte kam ins Hospital und redete dort, obwohl das Klinikpersonal ihn für verrückt hielt, stundenlang auf den Leichnam ein. Zuletzt geschah das Unglaubliche: Der klinisch Tote kehrte ins Leben zurück.

In seiner Regensburger Wohnung erzählte mir Peter ein Jahrzehnt später, wie er selbst sein Sterben und anschließend das »Jenseits« empfunden hatte.

Zuerst sei er quasi der Narkose entglitten; sein eigentliches Ich habe sich von seinem blutenden Körper getrennt. Er habe sich – oder seine sterbliche Hülle – auf dem Operationstisch liegen sehen; habe auch mitbekommen, wie die Bahre in den Nebenraum geschoben worden sei. Dies sei alles noch sehr real, sehr irdisch gewesen; er sei sich wie ein verstörter Beobachter dessen, was man mit seinem Leib gemacht habe, vorgekommen. Doch dann habe er sich nachdrücklich und entschlossen vom Diesseits getrennt. Er habe die »Anderswelt« erreichen wollen, und gleichzeitig habe etwas Undefinierbares ihn dorthin »weggesaugt«.

Durch einen schier endlosen Tunnel sei er gerast; er habe Beklemmung, Angst, Panik gefühlt. Die Zeit? Vielleicht nur ein Augenblick, vielleicht eine Ewigkeit. Irgendwann sei dann ein strahlendes Licht förmlich in das Tunnelende eingebrochen; es seien Farben gewesen, wie kein Lebender sie je erblicken könne, und »vermischt mit diesem Licht« seien unbeschreiblich schöne Melodien erklungen. Er sei eingetaucht in diese »strahlende Tonfülle« jenseits des Tunnels; habe sich in einer begeisternden Landschaft wiedergefunden. Astralkörper seien ihm entgegengekommen, in denen er liebe Verstorbene erkannt habe; er habe sich aufgefangen gefühlt von ihnen und eine nie gekannte Geborgenheit verspürt.

Er habe um jeden Preis bleiben wollen in diesem »Avalon«, doch dann habe etwas nach ihm gegriffen und habe ihn zurückgezerrt in den Tunnel. Er habe sich verzweifelt gewehrt, aber die andere Kraft sei stärker gewesen, und so habe er den Weg zurück ins Leben wie einen grauenhaften Absturz durchstehen müssen. In der Leichenkammer sei er wieder in den Zustand wie unmittelbar nach der mißglückten Operation gelangt; er habe sich selbst und seinen Onkel dort beobachtet – bis zuletzt alles zusammengebrochen sei und er – den eigenen Tod durch die Hilfe des Verwandten überwindend – langsam die Augen geöffnet habe. Dies aber sei der ärgste Schock sowohl seines vorherigen als auch seines »neuen« Lebens gewesen.

Peter M. wurde noch einmal operiert und genas schließlich wieder. Doch innerlich hatte er sich fundamental verändert. Er sah die Welt mit völlig neuen Augen. Durch das Todeserlebnis war Peter M. zu einem paranormal begabten Menschen geworden. Während jener nicht wirklich meßbaren Stunden in der Leichenkammer hatte er präkognitive und andere Fähigkeiten entwickelt. Es hatte sich ihm das Dritte Auge geöffnet.

Der ehemals so agile Geschäftsmann liquidierte seinen Betrieb, zog von Frankfurt nach Regensburg um. Er empfand den Donau-Wald-Raum, wie er mir später sagte, plötzlich und zwingend als seine eigentliche, wahre Heimat. Und noch ein weiterer positiver Zwang bestimmte sein Handeln. Peter sah von nun an seine einzige Lebensaufgabe darin, anderen Menschen zu helfen; sie zu heilen und zu beraten, bei Leidenden die Harmonie zwischen Körper, Seele und Geist wiederherzustellen. Er setzte dies in die Tat um, indem er in der uralten Donaustadt eine Praxis als Seher eröffnete.

Der Zulauf war enorm; Peters erstaunliche Fähigkeiten als Heiler und Visionär sprachen sich schnell herum. Er hätte innerhalb kurzer Zeit ein wohlhabender Mann werden können, doch er nahm niemals mehr Geld von seinen Klienten an, als er für seinen eigenen Lebensunterhalt benötigte. Nicht nur deswegen war und ist er alles andere als ein Scharlatan; ich weiß das, weil er mir in den Jahren unserer Freundschaft zahlreiche Beweise für sein paranormales Können und zusätzlich tiefe theoretische Einblicke gab.

Peter M. sah die fürchterliche Khomeini-Revolution im Iran voraus, lange ehe sie sich ereignete. Er sah einen bayerischen Geschäftsmann in Paris zusammen mit dem späteren Massenmörder auf einem Teppich sitzen, und nach Jahren berichteten die Medien, daß dieser Unternehmer ein wichtiger Financier des islamischen Umsturzes gewesen war. Mir selbst sagte Peter 1980 voraus, daß ich in der Mitte des gleichen Jahrzehnts für einige Monate in Norddeutschland leben würde. 1985 traf die überraschende Nachricht ein, daß ich zum »Stadtschreiber« von Otterndorf im Landkreis Cuxhaven gewählt worden war; ich hielt mich dann von Mai bis Oktober 1986 dort auf.

Ich könnte noch Dutzende von Schauungen aufzählen, die beweisbar eingetroffen sind – aber für wichtiger halte ich es, in geraffter Form das Wissen weiterzugeben, das Peter M. mir in der Theorie hinsichtlich seiner paranormalen Fähigkeiten vermittelte.

Er arbeitete mit dem Pendel und mit Tarot-Karten, schätzte auch brennende Kerzen und Räucherstäbchen auf seinem dunklen Nußbaumtisch. Doch immer wieder betonte er, daß dies lediglich Hilfsmittel seien; »Werkzeuge«, welche ihm die momentane Initiation erleichtern sollten. Durch den aromatischen Rauch, die weichen Flammen, das irisierende Stahlpendel und die wohl tiefenpsychologisch wirksamen Bilder auf den Spielkarten wurde ihm sozusagen die Pforte zur Anderswelt jedes Mal von neuem aufgestoßen. Er glitt dann quasi mental wieder ein Stück in den Tunnel und in das dahinter Befindliche hinein; gerade so weit, daß er Kontakt mit den »Verstorbenen« aufzunehmen vermochte. Er sprach jedoch nicht mit ihnen; er kommunizierte auf eine sensiblere Art. Sie weiteten ihm irgendwie den innerseelischen Blick; sie schoben für ihn die Vorhänge von Raum und Zeit beiseite; sie ließen ihn Zusammenhänge begreifen, die normalen Menschen oft dunkel bleiben.

Peter M. konnte und kann offenbar in eine Dimension eintreten, die er erstmals in der Stunde oder Ewigkeit seines klinischen Todes erschaut hatte. Wo gewöhnliche Existenzen im Zeitquentchen des Jetzt gefangen bleiben, strudelten für den Regensburger Paranormalen Vergangenheit, Gegenwart und Zukunft in einem einzigen Knoten zusammen und wurden so insgesamt facettenartig für ihn sichtbar. Die diesseitigen Schranken waren für ihn nicht mehr vorhanden, weil er in der jenseitigen Parallelwelt in eine schrankenlose Raum-Zeit-Landschaft eingedrungen war. Auf diese Weise waren ihm seine präkognitiven Fähigkeiten geschenkt worden; er hatte sie aus der Anderswelt in die Diesseitswelt mit herübernehmen dürfen, und er vermochte sie, indem er seine Hilfsmittel einsetzte, jederzeit zu aktivieren.

Ebenso aber »enträtselten« sich ihm die körperlichen Befindlichkeiten seiner Klienten. Wenn Peter über den

Händen eines Ratsuchenden oder auch nur über dessen Fotografie sein Pendel schwingen ließ, dann war er imstande, die inneren Organe zu sehen und ihren gesunden oder angegriffenen Zustand zu erkennen. Er konnte so zum Beispiel vor Krankheiten warnen, ehe sie wirklich ausbrachen; Präkognition und Perkognition[23] gingen ihm in solchen Fällen in eins. Doch auch das war wiederum nur möglich, weil der Paranormale von der Donau die materielle Struktur eines menschlichen Körpers mit Hilfe seines erweckten Dritten Auges durchdrang – ganz so, wie er in der Stunde oder Ewigkeit seines klinischen Todes eben selbst zum Wanderer durch die »Schalen der Materie« geworden war.

Zusammenfassend läßt sich also sagen, daß Peter M. durch ein ganz außergewöhnliches Erlebnis zu einem Menschen wurde, der sowohl im »Diesseits« als partiell auch im »Jenseits« beheimatet ist, und dies ist auch die Erklärung für seine prä-, beziehungsweise perkognitive Gabe. Die Schranken von Zeit und Raum, die gewöhnlich gelten, sind für den Paranormalen aufgehoben; er kann eine weitere Dimension nutzen, und dies äußert sich unter anderem in seinen Zukunftsschauungen.

Der »Fall« Peter M. ist greifbar; hier bietet sich uns ein Schlüssel an, und jetzt ist es nur logisch, diesen Hellseher und sein Schicksal in Verbindung mit dem zu bringen, was uns über die in diesem Buch vorgestellten anderen Propheten bekannt ist. Hatten etwa auch sie Todes-, Jenseits- oder andere Erlebnisse, durch welche sie letztlich »erweckt« wurden?

Beim Abklopfen der elf Lebensläufe unter diesem Gesichtspunkt ergibt sich tatsächlich Erstaunliches. Fast alle unsere berühmten Paranormalen mußten in ihrem Dasein derartige existentielle Brüche oder Schocks ertragen. Listen wir – um der besseren Erinnerung willen – noch einmal auf:

Mühlhiasl: Er soll von einem Bären angefallen worden sein und ist dabei möglicherweise lebensgefährlich verletzt worden. Weiter erlitt er durch den Verlust seiner Apoiger Heimat mit Sicherheit eine tiefe seelische Wunde.

Stormberger: Auch in seinem Leben spielt ein Bärenkampf eine Rolle. Falls dies in der Volksüberlieferung keine Verwechslung mit dem Mühlhiasl ist (aber in den Seeler-Visionen bestätigt der »Stormberger« das Unglück ja sogar selbst), könnte er dadurch andersweltlich geprägt worden sein. Es wäre jedoch auch noch ein anderer Initiations-Stoß möglich, der in der Kindheit des Waldpropheten läge: Der Bub verlor seine Zieheltern durch einen gewaltsamen Tod oder wurde brutal von ihnen verstoßen.

Blinder Hirte: Bei ihm hat durch den Verlust des Augenlichts unzweifelhaft ein psychologischer Schock stattgefunden; möglicherweise im Zusammenhang mit einer lebensbedrohenden Gewalttat. Hinzu kommt, daß Tartarsin während der Pestepidemie tausendfach mit der schrecklichsten Fratze des Todes konfrontiert wurde.

Sibylle von Prag: Sie könnte durch die Verarmung ihrer Familie – immerhin einer scheinbar unantastbaren gräflichen – das Erweckungserlebnis durchlitten haben.

Holzhauser: Nachweislich kam auch er mit dem Schwarzen Tod hautnah in Berührung.

Mönch von Wismar: Da über sein Leben kaum Informationen existieren, kann nichts Definitives gesagt werden.

Sepp Wudy: Er wußte um seinen eigenen frühen und gewaltsamen Tod. Steht seine Gabe im Zusammenhang mit diesen Ahnungen?

Prokop: Aus seinem Leben ist kein spezielles Schockerlebnis bekannt.

Alois Irlmaier: Der Soldat aus Freilassing wurde im Ersten Weltkrieg verschüttet. Er soll sehr lange lebendig begraben gewesen sein. Danach kamen seine übersinnlichen Fähigkeiten, die sich bis dahin im Erspüren von Wasseradern erschöpft hatten, voll zum Ausbruch. Im Fall Irlmaiers drängt sich die Parallele zu Peter M. geradezu auf.

Hedwig Eleonore Seeler: Hier wird die Duplizität schlicht frappierend. Auch diese zunächst völlig normale Frau war klinisch tot; nachher war ihre Gabe voll ausgeprägt vorhanden, und ihr Leben veränderte sich völlig. Wie Peter M. wurde sie von einer unbekannten Kraft gezwungen, den Donau-Wald-Raum zu ihrer zweiten Heimat zu machen.

Anonymus: Wie bei Prokop und dem Mönch liegen über ihn keine Informationen vor, aber das muß nicht bedeuten, daß er keine Initiation durchlitt.

Eines wird auf jeden Fall bei der Verinnerlichung

dieser Liste überdeutlich; die Fakten springen einem geradezu in die Augen: Es muß einen Zusammenhang zwischen tiefsitzenden Existenzschocks und dem prophetischen Schauen geben! Es kann sich bei den Übereinstimmungen einfach nicht um bloße Zufälle handeln. Fast unabdingbar scheint eine Grundvoraussetzung für das Hellsehen ein auch körperliches Vordringen in die Jenseits-, Anders- oder Parallelwelt zu sein.

Wie aber könnte diese Dimension beschaffen sein? Wie funktioniert sie, welchen Gesetzen folgt sie? Welche Rolle spielen die »Toten« darin, und wie kommt die Kommunikation zwischen ihnen und den Paranormalen zustande?

Sicher, dies sind Fragen, die vermutlich von keinem Menschen auch nur einigermaßen erschöpfend beantwortet werden können. Doch im späten 16. Jahrhundert lebte ein Genie, welches uns zumindest eine Ahnung davon vermittelte.

Sein Name lautete Giordano Bruno; er war ein italienischer Philosoph und Naturwissenschaftler, 1548 in Nola in der Campania geboren. Nach einer Universitätsausbildung in Neapel trat er, siebzehnjährig, in den Dominikanerorden ein, was sich als ein tödlicher Fehler im wahrsten Sinne des Wortes erweisen sollte. Giordano Bruno blieb nämlich dadurch lebenslang der viehischen Jurisdiktion der katholischen Kirche unterworfen. Vorerst freilich trug er fromm die Mönchskutte, führte seine akademischen Studien fort und wurde 1572 zum Priester geweiht. Vier Jahre später jedoch,

1576, hatte er die Machenschaften des römischen Klerus bereits dermaßen gründlich durchschaut, daß er nicht nur mit Kloster und Kirche, sondern zusätzlich mit dem christlichen Glauben insgesamt brach. Der Achtundzwanzigjährige war damit zu einem Ketzer geworden.

Bis 1592 durchwanderte Giordano Bruno große Teile Europas; wo die verschiedenen Universitäten ihm die Möglichkeit dazu gaben, lehrte er seine geniale Philosophie. Daneben veröffentlichte er eine ganze Reihe von Büchern und erwarb sich auf diese Weise bei den aufgeklärten Geistern seiner Zeit einen ausgezeichneten Ruf. Die katholische Kirche allerdings, der Freiheit des Geistes abhold wie eh und je, fiel im genannten Jahr, nachdem sie ihn schon zuvor immer wieder verfolgt hatte, mit all ihren menschenverachtenden Machtmitteln über ihn her. Bruno hielt sich gerade in Venedig auf, und dort ließ die Inquisition ihn in die berüchtigten Bleikammern werfen.

Von 1592 bis Anfang 1600 wurde der Philosoph verhört, indoktriniert und gefoltert; zuerst noch in der Lagunenstadt, ab 1593 in Rom. Ziel war der Widerruf seiner bahnbrechenden Lehre, die bis in die Neuzeit und bis zu Einstein wirken sollte, doch der Nolaner blieb standhaft. Er stellte die geistige Wahrhaftigkeit höher als die Dogmen der Papstkirche, und als man ihn – der kirchenrechtlich nach wie vor Mönch war – am 8. Februar 1600 deswegen zum Tod verurteilte, erwiderte er: »Mit größerer Furcht verkündigt ihr vielleicht das Urteil gegen mich, als ich es entgegennehme!«

Am 17. Februar 1600 wurde der Mord verübt.

Die »Avvisi di Roma«, eine klerikale Zeitung, berichtete:

»Am Donnerstagmorgen wurde auf dem Campo dei fiori jener verbrecherische Dominikanermönch aus Nola lebendig verbrannt (. . .): ein sehr hartnäckiger Ketzer, der nach seiner Laune verschiedene Dogmen gegen unseren Glauben ersonnen hatte, und zwar insbesondere gegen die heilige Jungfrau und die Heiligen. Dieser Bösewicht wollte in seiner Verstocktheit dafür sterben . . .«

Und in einem anderen Dokument heißt es:

»Heute also ist er zum Scheiterhaufen (. . .) geführt worden. Als hier dem schon Sterbenden, das heilige Kruzifix vorgehalten wurde, wandte er mit verachtender Miene sein Haupt . . .«

Giordano Bruno hatte seine Augen nicht nur von einem Symbol abgewandt, das seiner Auffassung nach götzisch war und für das Verbrecherische stand; er hatte sich vielmehr schon längst vom christlichen Weltbild insgesamt gelöst und hatte in seinen Vorträgen und Schriften eine ungleich höherstehende Philosophie vertreten. Im allerehrlichsten Sinne war er ein Sucher nach dem wahrhaft Göttlichen gewesen; ein begnadeter Naturwissenschaftler und Seins-Theoretiker dazu. Er hatte die Synthese von Verstand und Intuition angestrebt – und er hatte sie auch gefunden; er war in Wirklichkeit bereits ein Mensch des Dritten Jahrtausends gewesen. Einstein meinte wohl Giordano Bruno, als er einmal sagte, er hätte auf den Schultern Größerer gestanden; es könnte tatsächlich so sein, daß man den Nolaner erst in der noch ausstehenden Weiterführung der Relativitätstheorie in vollem Umfang begreift.

Über seine Ziele schreibt Giordano Bruno in der Er-Form:

»Der Nolaner hat (. . .) den menschlichen Geist und die Erkenntnis befreit, die in dem engen Kerker der irdischen Lufthülle eingeschlossen waren und aus dem sie nur wie durch schmale Schlitze die entferntesten Sterne erblicken konnten. Dem Geist waren die Flügel gestutzt, damit er sich nicht aufschwingen und den Wolkenschleier zerreißen könne, um das zu schauen, was sich dahinter in Wahrheit befindet, und sich von den Hirngespinsten derjenigen zu befreien, die, kaum dem Schlamm und den Erdhöhlen entkommen, vom Himmel herabgestiegenen Apollen und Merkuren gleich, durch vielfältige Täuschung die ganze Welt mit unendlichen Torheiten, Roheiten und Lastern erfüllt haben, als seien es lauter Tugenden und göttliche Lehren . . .«

Diesen falschen Lehren kann ein einziger Satz des italienischen Genies entgegengesetzt werden; eine These, die außerordentlich nachdenkenswert ist: *»Natura est deus in rebus. – Die Natur ist Gott in den Dingen.«*

Präziser wird Giordano Bruno dann in den folgenden Ausführungen:

»Jede Erzeugung (z. B. die Entstehung des Planeten Erde, d. V.), *von welcher Art sie auch sei, ist eine*

196

Veränderung, während die Substanz immer dieselbe bleibt, weil es nur eine gibt, ein göttliches unsterbliches Wesen. (. . .) Da seht ihr also, wie alle Dinge im Universum sind und das Universum in allen Dingen ist, wir in ihm, es in uns, und so alles in eine vollkommene Einheit einmündet. (. . .) Denn diese Einheit ist einzig und stetig und dauert immer; dieses Eine ist ewig; jede Gebärde, jede Gestalt, jedes andere ist Eitelkeit, ist wie nichts; ja geradezu nichts ist alles, was außer diesem Einen ist. Diejenigen Philosophen haben Weisheit gefunden, welche diese Einheit gefunden haben.«

Es gibt also laut Bruno eine »Einheit«, welche sich über den gesamten Kosmos erstreckt; ihn sozusagen überhaupt erst begründet. Diese »Einheit« ist ewig, grenzenlos; sie enthält in sich unendliche Möglichkeiten. Die Schranken von Zeit und Raum, Leben oder Tod spielen, aus diesem »Blickwinkel« heraus, überhaupt keine Rolle mehr. Vergangenheit, Gegenwart und Zukunft sind nicht länger voneinander getrennt, sind vielmehr nur Veränderungen der einzigen Substanz; lediglich verschiedene »Innendimensionen« dieser »Einheit«.

Auch das Wissen um bestimmte Entwicklungen oder mögliche Entwicklungen ist in diesem »All-Wissen« enthalten, denn auch solche Entwicklungsstränge sind ja lediglich Auswüchse der »Einheit«. Über das »Finden der Einheit« können sie dann aber auch einem menschlichen Individuum bewußt werden, das zuvor nichts wußte. Schließlich hat alles im Kosmos an diesem Wissen teil – oder kann, so es nur will, daran teilhaben: die Lebenden, die Toten, die belebte und »unbelebte« Materie. Es gibt keinen Unterschied mehr zwischen längst »abgeschiedenen« und noch längst nicht (wieder)geborenen Seelen. Derjenige aber, der diese »Quellen« anzapfen möchte, muß bloß den genannten Schlüssel entdecken; muß mit seinem »anderen Ich« im Universum kommunizieren können.

Dies bedeutet, folgt man der Kosmologie des Giordano Bruno, nichts anderes, als daß bestimmte »erweckte« Menschen die Grenzen der Täuschungen und der Torheiten sprengen; daß sie dem Schlamm und den Erdhöhlen in Wahrheit und nicht nur scheinbar entsteigen. Wenn sie dies schaffen – zum Beispiel durch existentielle Schocks, durch Todeserlebnisse –, dann haben sie Zugang gewonnen zu jener universellen »Einheit«, von welcher der Philosoph spricht. Ihr Gesichtsfeld weitet sich mehr oder weniger ins Unendliche aus. Es wird zum Teil des Universums, und das Universum wird zum Teil ihrer selbst – sie sind Propheten, Wissende, Erleuchtete geworden.

Eine ketzerische Überlegung dazu abschließend:

Am 17. Februar 1600 wurde der Menschheitslehrer Giordano Bruno von einer verbrecherischen Kirche auf dem Campo dei fiori in Rom ermordet. Ein positiver Entwicklungspfad, den die europäische Zivilisation hätte einschlagen können, wurde dadurch brutal verschüttet.

Wenige Jahre später prophezeite die Sibylle von Prag nicht nur eine Menschheitskatastrophe, sondern auch den Untergang der christlichen Religion und das Aufkommen einer ganz neuen und besseren Philosophie.

Kann es sein, daß die verarmte Gräfin Michalda und der lediglich körperlich Verbrannte sich in der »Einheit« mental die Hände gereicht haben? Daß die Schauung der Sibylle genau so sich ausbildete, weil Giordano Bruno ermordet worden war? Daß der Nolaner seine letzte Erkenntnis, daß die Kirche mehr Furcht haben müsse als er, durch den Mund der Seherin und über das kosmische Kommunikationsfeld der »Einheit« präzisierte?

Paranormale Erlebnisse
im Alltag

Giordano Bruno und die Gräfin Michalda – sie gehören
zu den außergewöhnlichen Menschen der Geschichte.
Schon rein instinktiv würde man ihnen deswegen auch
das Außergewöhnliche im übersinnlichen Bereich zu-
trauen; und sei es als Kontaktbrücke über den Scheiterhaufen hinweg. Ihre Schicksale waren eben nicht
alltäglich; im Gegensatz zu ihrem verläuft das Dasein
normaler Leute viel unspektakulärer. Die pflegen keine »Dialoge« parapsychologischer Art zu führen, jedenfalls sieht es auf den ersten Blick so aus. In Wahrheit freilich verhalten sich die Dinge – wie so oft – ein
wenig anders. Vielleicht weniger sensationell, dafür oft
beklemmend persönlich, sind zahlreiche Frauen und
Männer irgendwann einmal mit der Anderswelt in
Berührung gekommen.

Sehr verbreitet sind die Geschichten über paranormale Erlebnisse in Kriegszeiten. Überall gibt es Familien, welche die Erinnerung an scheinbar Unerklärli-
ches bewahren. Der Vater, der Gatte, der Bruder, der
Sohn stand an der Front; man hatte schon lange nichts
mehr von ihm gehört. Und dann blieb plötzlich eine

Uhr stehen, fiel wie von selbst ein Foto des Betreffenden von der Wand, passierten andere seltsame Dinge. Tage oder Wochen später traf die Todesnachricht von der Armee ein. Das Frappierende, das Erschütternde daran; über den kreatürlichen Schmerz hinaus: Der Vater, der Gatte, der Bruder, der Sohn war genau in dem Augenblick »gefallen«, in dem sich zuhause einer der beschriebenen Vorfälle ereignet hatte. Der Sterbende hatte seinen Angehörigen noch einmal ein Zeichen geben wollen; eine andere Erklärung für derartige Phänomene gibt es nicht.

Es muß aber nicht immer gleich um den Tod gehen, wenn das Unbegreifliche jäh unseren Alltag berührt. Manchmal denken wir an einen bestimmten Menschen, und im selben Moment klingelt das Telefon. Der Anruf kommt genau von der Person, die wir soeben »im Kopf hatten«. Ich bin sicher, daß auch in solchen Fällen mentale Brücken eine Rolle spielen; aus eigener Erfahrung weiß ich auch, daß derartige Gedankenübertragungen am ehesten mit jemandem stattfinden, der oder die einem sehr nahe steht. Mit meiner Mutter geschieht mir dies immer wieder; ebenso gibt es in Salzburg (!) eine Verlagslektorin, die ein Lied davon zu singen weiß. Mit dieser von mir beruflich sehr geschätzten Frau, die sehr viel reist, kann der Kontakt monatelang abreißen; unvermittelt muß ich dann intensiv an Renate denken – und schon meldet sie sich bei mir.

Viele meiner Leser werden solche oder ähnliche Erlebnisse gehabt haben; möglicherweise auch sogenannte Déjà-vu-Erfahrungen, in denen man das untrügliche Gefühl hat, einen unbekannten Ort früher schon einmal gesehen zu haben, oder eine völlig neue Jetzt-Situation aus der Vergangenheit zu kennen. So etwas kann wie ein Schock wirken; die Grenzen der Zeit scheinen einen Herzschlag lang zu zersplittern, und wahrscheinlich passiert ja auch genau das: Man hatte irgendwann früher eine Präkognition und erinnert sich nun, da sie wahr wird, an sie.

Es ist also keinesfalls so, daß nur die wirklich großen Paranormalen ihre Schauungen haben. Sie finden durchaus ebenso im normalen Leben statt; sie sind vermutlich sogar zumindest »potentielles Allgemeingut« der Menschheit. Im Prinzip kann jedes Individuum Visionen erfahren, und um diese These zu untermauern, sollen hier – wie im vorangegangenen Kapitel bereits angekündigt – einige Präkognitionen aus meinem eigenen Leben publik gemacht werden.

Am 1. Februar 1976 starb mein damals bester Freund Horst W. durch eigene Hand. Zusammen mit seiner Witwe, die auch mir immer sehr viel bedeutet hatte, stand ich am Grab in einer Kleinstadt in der Oberpfalz. Wir waren stumm, entsetzlich getroffen. Erst später, beim Beerdigungsessen, lösten sich allmählich unsere Zungen. Im stockenden Gespräch zwischen der jungen Witwe und mir stellte sich heraus, daß wir beide in der gleichen Nacht, drei Tage vor Horsts Tod, einen völlig identischen Traum gehabt hatten. Die Frau, während ihr Gatte sich bereits an seinem Sterbeort Regensburg aufhielt, im Vorwald; ich in meiner Geburtsstadt Landau/Isar.

Wir bestiegen in diesem Traum zusammen mit Horst die Burgruine Donaustauf, auf der wir tatsächlich oft zu dritt gewesen waren. Doch nun hatte sich das uralte Gemäuer verändert. Nicht in der vertrauten Umgebung, die wir real so gut kannten, fanden wir uns wieder, als wir oben ankamen; vielmehr auf einem Plateau, das durch eine tiefe Schlucht von einem jenseits stehenden düsteren Turm getrennt war. Dieser Turm mit seinen Scharten und seiner Toröffnung lockte; der Anblick nahm uns zwingend gefangen. Er brachte uns dazu, auf ihn zu reagieren; jeder auf seine Weise.

»Nein!« sagte die junge Frau. »Ich will dort nicht hinüber!«

Ich selbst sprang über den Abgrund, erreichte den Turm, blickte mich drinnen um. Er war leer, er stieß mich ab; ich setzte über die Schlucht zurück.

Dann kam Horst an die Reihe. Er zögerte kurz, lachte grell – und stürzte sich in die Tiefe.

Sowohl seine spätere Witwe als auch ich hatten seinen Tod im Traum vorausgesehen; drei Tage, bevor der Suizid tatsächlich stattfand. In derselben Nacht hatte der Wahr-Traum die junge Frau und mich sozusagen synchron heimgesucht. Es war, ohne jeden Zweifel, eine »gedoppelte« Präkognition im privaten Bereich gewesen.

Während des Jahreswechsels von 1981 auf 1982 hatte ich einen anderen Traum.

Ich erblickte eine düstere, gefährlich wirkende Insel-Landschaft. In einer weiten Schlucht, hinter den Felsblöcken dort, verschanzten sich südamerikanisch aussehende Soldaten. Dann griffen von oben, von einem Plateau aus, andere Truppen an. Ich erkannte sie an ihren flachen Helmen als Briten. Diese englischen Soldaten wurden von ihren Offizieren hinunter in die Schlucht gejagt; dort schlachteten die anderen Uniformierten sie reihenweise ab und starben gleichzeitig selbst.

Am 21. Mai 1982 landeten ca. 5000 britische Soldaten auf den Malvinen. Im rauhen Südatlantik kreuzten Schlachtschiffe. Dies alles war nun Realität! Der Falkland-Krieg war ausgebrochen; was kaum jemand in Europa für möglich gehalten hatte, war passiert: England unter seiner zweifelhaften Premierministerin Margaret Thatcher hatte um des Prestiges dieser »Dame« willen auf alle diplomatischen Mittel verzichtet und zu den Waffen gegriffen.

Das sinnlose gegenseitige Abschlachten dauerte bis zum 14. Juni 1982, zuletzt waren beinahe 2000 Tote zu beklagen. Doch nicht allein dies schockierte mich, sondern auch die Erinnerung an den Wahr-Traum, den ich Monate vorher, als ein Krieg im Südatlantik völlig ausgeschlossen schien, gehabt hatte.

Abschließend noch ein drittes paranormales Erlebnis, freilich von etwas erfreulicherer Art.

Im Frühjahr 1978 hielt ich mich in Irland auf. In Kinsale, einem malerischen Städtchen an der Südküste, lernte ich im Pub zufällig (?) den angloamerikanischen Bestsellerautor Bernhard Attenborough, einen Bruder des weltberühmten Schauspielers und Regisseurs Sir Richard Attenborough, kennen. Bernhard und ich freundeten uns schnell an, und eines Tages gab er mir den Rat, eine Wanderung zum »Old Head of Kinsale« zu unternehmen. Das ist eine einsame Halbinsel, auf deren Kap ein bemerkenswerter Leuchtturm steht; außerdem ist das »Old Head« in grauer Vorzeit der erste Siedlungsplatz der von der Bretagne nach Irland übersetzenden Kelten gewesen.

Ich fuhr also los, stellte den Wagen am schmalen Zugang zur genannten Halbinsel ab und ging zu Fuß weiter Richtung Leuchtturm, der noch ein gutes Wegstück entfernt war. Das Wetter war nieselig und neblig – und plötzlich tauchte aus den treibenden Schwaden ein Pferd mit rotem Fell auf. Es war eine Begegnung auf der ansonsten völlig einsamen Heide, die mich auf seltsame Art erschreckte, obwohl ich ein Roßnarr bin. Dieses Tier jedoch hatte etwas an sich, was mich vorsichtig machte. Ich wagte keinen Annäherungsversuch, ging vielmehr immer schneller weiter und trachtete danach, das Pferd abzuschütteln. Es begleitete mich jedoch unverdrossen, und zuletzt bekam ich echte Angst. Ich verzichtete auf den Besuch des Leuchtturms und rannte zum Wagen zurück; irgendwann verschwand das Tier so jäh wieder im Nebel, wie es daraus aufgetaucht war.

Im Pub von Kinsale erzählte ich Bernhard und einigen anderen Iren von meinem seltsamen Erlebnis. Die Reaktion der Bauern war ganz erstaunlich. Immer wieder erkundigten sie sich, ob das Pferd wirklich ein rotes Fell gehabt habe, und nachdem ich dies mehrmals beteuert hatte, klärten sie mich auf: Niemand, so versicherten sie, würde irgendein wertvolles Tier auf dem »Old Head« weiden lassen; es könne allzu leicht über die turmhohen Klippen dort abstürzen. Das Roß, das ich gesehen hätte, sei keine reale Kreatur gewesen, sondern das sagenhafte keltische »Red Horse of Kinsale«, ein magisches Wesen. Und wenn es einem Menschen begegne, dann bedeute das, daß dieser Mensch einmal ein berühmter Dichter werde . . .

Ich habe dem nur noch hinzuzufügen, daß ich im Frühjahr 1978 noch kein einziges Buch veröffentlicht hatte und alles andere als ein bekannter Autor war. Im Sommer des gleichen Jahres dann bekam ich überraschend meinen ersten größeren Verlagsauftrag. In den 16 Jahren seither habe ich mehr als 30 Werke publiziert; einige davon dürfen als durchaus erfolgreich bezeichnet werden. Und gerade jetzt, da ich diese Zeilen niederschreibe, wird wegen der Kinoverfilmung eines meiner Romane verhandelt.

Sollte es also tatsächlich so sein, daß mein Erlebnis mit dem Roten Pferd und mit den Iren im Pub von Kinsale präkognitiver Art war?

Paranormale Erlebnisse im Alltag – ich glaube, die genannten Beispiele aus meinem eigenen Leben sowie entsprechende Erfahrungen zahlloser anderer Menschen beweisen, daß es sie gibt. Oft freilich werden sie verdrängt, oder aber sie werden gar nicht mehr bewußt wahrgenommen, weil sie bereits zu häufig eingetreten sind. Der Mensch gewöhnt sich an alles; selbst an das Übersinnliche, wenn es nur trivial und in der Wiederholung unspektakulär genug ist. Immer dann, wenn wir etwa ganz automatisch vom Instinkt sprechen, oder davon, daß da jemand wieder mal einen sechsten Sinn gehabt habe, trifft das zu.

Eine kleine Überlegung kann das verdeutlichen: Wie oft schon sind wir am Steuer eines Wagens völlig entspannt und angstfrei auf eine unübersichtliche Kurve oder eine Kuppe zugefahren? Tausendmal, und wir wußten, daß keine Gefahr drohte. Aber zwischendurch nahmen wir doch immer wieder mal das Gas zurück, schreckten inwendig ein wenig zusammen, ohne daß es einen konkreten Grund dafür gegeben hätte. Und dann schoß aus der Kurve oder über die Kuppe unvermittelt der PKW, der gerade an dieser gefährlichen Stelle ein anderes Fahrzeug überholte. Wir hatten einen Unfall vermieden, weil eine innere Stimme uns gewarnt hatte.

Mit dem realen Wissen um bestimmte Gefahrenstellen auf den Straßen ist dies nicht zu erklären. Wir müßten sonst jedesmal unsere Geschwindigkeit verringern; uns an Kurven und Kuppen förmlich heranschleichen. Wie jeder Autofahrer weiß, tun wir das aber nicht. Was also kommt zusätzlich ins Spiel, wenn wir trotzdem Gas wegnehmen oder bremsen? Ja, es ist die alltägliche Präkognition; von den Menschen christlichen Glaubens blumig auch als Schutzengel bezeichnet. Sie hilft uns häufiger, als wir meinen, um ein Haar noch einmal »so« davonzukommen. Doch unfehlbar – das soll an dieser Stelle aus sehr nachvollziehbaren Gründen ganz deutlich gesagt werden – ist sie auch nicht. Es wäre eine fatale Fehleinschätzung, daran zu glauben, daß unser alltäglicher sechster Sinn uns allzuviele Dummheiten verzeiht. Er kann, über unser hoffentlich vom Verstand bestimmtes Handeln hinaus, immer nur ein relativ unwägbarer zusätzlicher Sicherheitsfaktor sein!

Mehr noch: Gelegentlich können wir sogar auf simple Täuschungen hereinfallen – und von »Mirakeln« dieser Art soll im folgenden Kapital die Rede sein.

Falsche Propheten und unterdrückte Prophezeiungen

oder:
Das Fatima-Geheimnis
von Hellsehern entschlüsselt

Es besteht kein Zweifel: Visionäre sind von einem erregenden Nimbus umgeben. Sie faszinieren die Menschen gelegentlich ähnlich wie gewisse Gurus, Magier oder »Wundertäter« – und dies kann natürlich von skrupellosen Demagogen auch negativ ausgenützt werden.

Immer wieder kommt es vor, daß den Hellsehern Worte in den Mund gelegt werden, die sie entweder überhaupt nicht, oder zumindest so nicht gesagt haben. Ich erinnere mich in diesem Zusammenhang an die sehr emotional geführte Debatte über die Reform des Paragraphen 218 in Bayern. Auf dem Höhepunkt dieser manchmal schlammschlachtartig ausufernden »Diskussion« war zu hören und zu lesen, der Mühlhiasl habe einen Dritten Weltkrieg prophezeit; der wiederum sei eine göttliche Strafe für die »Unmoral« der liberalen und linksorientierten Bundesbürger. Erst nach der Katastrophe werde die Menschheit endlich einsichtig werden, so daß die Gesetze, die den Kindern den Tod gebracht hätten, abgeschafft würden.

Natürlich hat in Wahrheit nicht der Mühlhiasl, sondern Alois Irlmaier von solchen Gesetzen gesprochen, und er kann weiter damit auf ganz andere Mißstände abgezielt haben. Zum Beispiel auf die Sexuallehre des Vatikan, die ja auch (Kirchen-)Gesetz ist und die Katholiken vor allem in der »Dritten Welt« zwingt, Kinder zu zeugen und zu gebären, die anschließend elend verhungern. Die Prophezeiung ist also dezidiert gar nicht auf den Paragraphen 218 bezogen; es gibt verschiedene Interpretationsmöglichkeiten, und deswegen war es auch nicht sehr anständig, mit ihrer Hilfe Öl ins Feuer einer sehr diffizilen innenpolitischen Debatte zu gießen.

Noch schlimmer wird es, wenn unter dem Deckmantel des Übersinnlichen glatte Fehlinformation betrieben wird: wenn falsche Propheten sich bewußt als wahre ausgeben. Solch infame Methoden der Massenmanipulation wurden seitens der katholischen Kirche etwa in der Zeit der Kreuzzüge praktiziert. Wenn die in Richtung Palästina ziehenden Räuber- und Mörderhorden in ihrem christlichen Glaubenseifer zu erlahmen drohten, dann tauchten ziemlich regelmäßig Mönche oder andere Kleriker auf, die ausgerechnet in diesem Moment eine »Schauung« gehabt hatten. Erzengel oder Heilige, so behaupteten sie, seien ihnen erschienen und hätten ihnen mitgeteilt, daß der »Heilige Krieg«, so er nur mutig bis zum Ende durchgehalten werde, in einen unerhörten Triumph der christlichen Kämpfer einmünden werde. Also marschierten die Marodeure frisch motiviert weiter, und die römische Kirche hatte einmal mehr die Dummheit ihrer Anhänger meisterlich für ihre verbrecherischen Zwecke mißbraucht.

Wenn man sich mit Hellsehern und Visionen beschäftigt, ist infolgedessen ein kritisches Auge stets angebracht. Doch der scharfe Blick sollte nicht nur auf Scharlatane fixiert sein, sondern zusätzlich noch auf eine zweite Methode der Manipulation, welche darin besteht, ernsthafte Schauungen, die bestimmten Leuten unbequem oder gar gefährlich sind, zu unterdrükken. Symptomatisch dafür scheint mir das »Gehabe« um das sogenannte »Dritte Geheimnis von Fatima« zu sein, und ich werde im zweiten Teil dieses Kapitels eine Entschlüsselung anbieten.

Zunächst jedoch ein Exempel dafür, wie nicht nur während der Kreuzzüge, sondern auch in der Neuzeit mit falschen Prophezeiungen gearbeitet wurde.

Der Name des falschen Propheten lautet Joseph von Görres; er wurde 1776 in Koblenz geboren und verstarb 1848 in München. Görres war zunächst ein »Linker«, ein Aufmüpfiger; spielte eine bedeutende Rolle in den Kreisen der »Rheinischen Republikaner«, die mit den Ideen der Französischen Revolution sympathisierten. Mit den Fürsten und der Kirche hatte Görres logischerweise gar nichts am Hut; vielmehr setzte er sich für Demokratie, Menschenrechte und Geistesfreiheit ein. Dies tat er zumindest bis zum Jahr 1800, in welchem er sich plötzlich von den genannten Idealen abwandte und zu einem deutschen Nationalisten wurde. Ab 1822 finden wir ihn wieder als einen glühenden Katholiken, und ab 1827 wirkte er als Geschichtsprofessor in München; gehätschelt sowohl vom Klerus als auch vom Königshaus. Bis zu seinem Tod blieb Joseph von Görres, der ehemalige Revolutionär, einer der brachialsten Vorkämpfer des bayerischen Ultramontanismus[24]. In diesem Zusammenhang sind auch die »prophetischen Sätze« zu sehen, die er 1814 – zeitgleich mit dem ersten Sturz Napoleons und dessen Verbannung auf die Insel Elba – in die Welt setzte.

Görres publizierte die »Schauungen«, die er Holzhauser zuschrieb, in dem von ihm redigierten »Rheinischen Merkur«. In der Einleitung heißt es, die Visionen seien schon mindestens ein Vierteljahrhundert vor der Französischen Revolution in Umlauf gewesen; freilich habe man sie erst beachtet, nachdem sie sich nach und nach bewahrheitet hätten. In der Realität hingegen hatte Joseph von Görres sie selbst geschrieben, um sie dann dem echten Visionär Holzhauser geschickt unterzuschieben. Der Geschichtsprofessor bezweckte mit seiner Veröffentlichung nichts anderes als einen ideologischen Kampf gegen die Ideale der Französischen Revolution. Liest man sein Elaborat, das wir nachstehend auszugsweise wiedergeben, mit kritischem Verstand, dann sticht einem Görres' Absicht sofort ins Auge.

Die »Prophezeiung« aus dem »Rheinischen Merkur« (Angeblich aus dem Lateinischen von J. v. Görres; nach dessen »deutscher Übersetzung« zitiert.)

»Und zwar werden in der Zeit der Kirche, der tau-

send und achthundert Jahre, nachdem die Jungfrau geboren hat, große Bedrängnisse über die Erde kommen.

Zu dieser Zeit wird ein neuer Luzifer erscheinen, das ist ein Geist des Hochmutes und der Eitelkeit, der unter dem Namen der Philosophie eine Zeitlang einen großen Teil der Welt beherrschen wird.

Und zwar hat Luther das Dach zerstört, Calvin die Mauern eingerissen, aber die Grundfesten wird dieser Philosophismus zerstören.

In Frankreich, das früher schon durch Sünden groß geworden, werden Hähne aufstehen, die durch ihr philosophisches Geschrei die ganze Welt aufregen und unter dem Scheine der Freiheit die Völker verführen, daß sie die Länder verwüsten, die Lilien brechen, die Fürsten ermorden und den christlichen Glauben gänzlich erdrücken, in der Kirche Verfolgungen erregen, wie in ihren ersten Zeiten unter Nero.

Die Priester und Diener der Kirche werden ins Elend gejagt und ermordet werden und die gottlose Schar dieser sogenannten Philosophen wird ihre Lehre ausbreiten, womit sie die Jugend zum Atheismus und Naturalismus verleitet, die Völker verführt, daß sie dem Gesetze und dem Könige nicht gehorchen, die Kirche verdammen, sich verschwören, um in der ganzen Welt Republiken zu errichten.

Die deutschen Fürsten, schon von alter Treue abgefallen, werden den Kaiser verlassen und durch das unrechtlichste Band des Friedens gegen die Katholischen sich verbünden.

Alte Erzbistümer und Bistümer, Klosterabteien und Körperschaften, die meist der fromme Sinn der Väter gründete, werden diese Fürsten nach Art der Wölfe zerstören.

Denn Deutschland wird sein ein in sich geteiltes Reich, weil seine Fürsten Gesellen der Wut geworden sind, weswegen Gott den Geist des Schwindels über sie ausgegossen hat.

Denn jener Geist des Schwindels wird es also fügen, daß Könige und Fürsten am hellen Mittag wie in den Finsternissen tappen.

Aber nun wird, was kaum glaublich ist, ein Mensch erscheinen, sein Name wird unbekannt sein und sein Vaterland wenig nur berühmt; er wird Italien besiegen, Rom an einem Tage stürzen, und ihn hat Gottes Allmacht unter dem Namen des großen Monarchen bestimmt, einen weiten Teil der Welt zu strafen.

Dieser starke Monarch, gegürtet mit dem mächtigen Schwerte, wird alle Republiken, welche die Zöglinge des Philosophismus errichtet hatten, von Grund auf zerstören und die Schar dieser gottlosen Jünger, die nicht der Kirche noch dem Gesetz gehorchen, sich wunderbar unterwerfen.

Die Religion, zum größten Teile unterdrückt, wird durch Belehrung dieses verkehrten französischen Volkes von ihm wieder befestigt werden. Und mit einem Male wird er unter dem Zeichen des raubsüchtigen Adlers mit Schrecken und Härte das Reich beherrschen, das immer am ersten in die Fehler fällt, die es vermeiden will.

Den Geist der Zwietracht wird dieser starke Monarch zu Hilfe nehmen, und nun in die anderen Reiche dringen, besonders in jene, die jenseits des Rheines liegen, um sie für ihre gottlose und lasterhafte Regierung zu bestrafen. Denn im priesterlichen Kleide und im weltlichen Gewande hatten sie den Glauben und die Gesetze verlassen. Darum wird er den größten Teil ihrer Reiche verwüsten und die Szepter und Kronen dieser Könige zerbrechen.

Alte Staaten werden untergehen und neue sich erheben. Unter den Flügeln dieses räuberischen Adlers wird das römische Reich elendiglich zerrissen werden; weil viele um den Vorrang streiten, wird alles gestürzt werden.

Und es wird dieser starke Monarch einige, aber nicht lange Zeit herrschen in einem Teile des Orients und auch des Occidents, damit alle Welt verarme zur Strafe der Völker, auf daß sie wiederkehren zu Gott unserem Herrn.«

»Prophezeiungen«, die so »durchsichtig« wirken wie dieser vorgebliche Holzhauser-Text, sind also leicht zu entlarven. Schon allein deswegen, weil echte Schauungen niemals so ideologisch gefärbt sind; vielmehr überraschende und frappierende Bilder bringen. Aber dazu hatte der katholische Scharlatan Joseph von Görres eben nicht das literarische Rüstzeug im Kreuz, und außerdem kam er in seinem Elaborat auch noch arg ins Schleudern, was die Terminologie seiner eigenen Zeit und derjenigen Holzhausers angeht.

Ausdrücke wie »Philosophismus«, »Naturalismus«, »Deutsches Reich«, »Atheismus«, »Republiken« oder gar »Körperschaften«, die sich in Görres' Text finden, entstammen eindeutig dem späten 18. und frühen 19. Jahrhundert. Der Barockmensch Holzhauser hätte sie nicht verwendet; ja, er hätte sie zum größten Teil nicht einmal gekannt. Er hätte sie umschrieben, so wie der Mühlhiasl etwa die Eisenbahn als »Eisernen Hund« oder »Eisernes Roß« bezeichnete; er hätte »Herrschaft der Bettler, die in die Höhe kommen« gesagt, nicht »Republik«. Denn Propheten gebrauchen stets nur das Vokabular ihrer eigenen Epoche – und das ist auch sehr sinnvoll so, denn sonst würden sie ja in ihrer Zeit von den Mitmenschen gar nicht verstanden. Auch das hätte Joseph von Görres bedenken müssen, ehe er seine Fälschung in Angriff nahm.

Weil er das nicht tat, kann er nun um so leichter entlarvt werden als einer, der lediglich die politischen und sozialen Errungenschaften seiner Zeit madig machen wollte. Görres war ein Kind, das sich sozusagen im parapsychologischen Metier Erwachsenenkleider anzuziehen versuchte; raffinierter scheint da schon die römisch-katholische Kirche im Zusammenhang mit einem weltbekannten präkognitiven »Wunder« in Portugal vorgegangen zu sein.

Die »Dritte Prophezeiung von Fatima« gilt als eines der großen Rätsel zumindest der katholisch dominierten Welt; ein ungeheures Geheimnis soll hier verborgen sein. Das Enttarnen der Hintergründe ist freilich auch nicht ganz so schwierig, wie man glauben (machen) möchte. Im folgenden Abschnitt soll wenigstens skizzenhaft der Versuch unternommen werden, das Mirakel der »Marien«-Erscheinungen zu lüften.

Der kleine Ort liegt an der Nordostgrenze der kargen Provinz Estremadura; bis zum 13. Oktober 1917 war er so gut wie völlig unbekannt. Dann aber entwickelte sich Fatima innerhalb weniger Jahre zu einem der bedeutendsten Wallfahrtsorte der Welt. Der Grund: Drei unbedarfte, aber streng katholische Bauernkinder hatten eine Reihe von außersinnlichen Wahrnehmungen. Zunächst an jenem 13. Oktober, dann noch einige Male, sahen sie eine »Art menschliche Silhouette«, die sich ihnen als »Engel des Friedens« zu erkennen gab.

Dieser »Engel des Friedens«, den man später zur »Madonna« umstilisierte, machte gegenüber den beiden Mädchen und dem Jungen verschiedene Aussagen eher religiöser und recht simpler Natur, doch es soll auch zu echten Prophezeiungen gekommen sein. So soll die »Lichtgestalt« etwa vor dem Ausbruch des Zweiten Weltkrieges gewarnt haben, der angeblich unter dem Pontifikat von Papst Pius XI. zu befürchten sei. Diese Präkognition traf im Prinzip auch ein, allerdings nicht exakt, denn Pius XI. verstarb am 10. Februar 1939, während der Zweite Weltkrieg am 1. September dieses Jahres begann, als in Rom bereits Pius XII. herrschte.

Zusammen mit anderen Botschaften des »Engels« oder aber Visionen der Kinder wurde auch dieses »Fatima-Geheimnis« mit kirchlicher Druckerlaubnis publiziert – aber erst an dieser Stelle der Geschichte setzt das eigentliche Rätsel ein. Die brisantesten Teile der Prophezeiungen wurden der Öffentlichkeit zunächst noch vorenthalten. Dies geschah unter Federführung des zuständigen Bischofs von Leiria, und er rechtfertigte sich damit, daß die »Madonna« verboten habe, den Schleier vor dem Jahr 1960 zu lüften.

Endlich war es soweit! Die »Dritte Botschaft von Fatima«, um die es hier geht, wurde versiegelt dem nunmehrigen Papst Johannes XXIII. übergeben. Der Pontifex Maximus öffnete den Umschlag im Beisein mehrerer Mitglieder des »Heiligen Offiziums«; jener Organisation, die besser unter dem Namen Inquisition bekannt ist. Zusätzlich war ein portugiesischer Übersetzer zugegen. Die Einsichtnahme in die geheimnisvollen Papiere erfolgte im Vatikan hinter verschlossenen Türen. Was anschließend geschah, schildert ein hoher kirchlicher Würdenträger, der Johannes XXIII. und die Kardinäle beim Verlassen des päpstlichen Büros beobachtet hatte, so: Die Kleriker hätten zutiefst erschrocken gewirkt, ganz so wie »jemand, der gerade ein Gespenst gesehen hat«. Auch der eine oder andere Inquisitor hielt nicht ganz dicht; einer dieser direkten Zeugen berichtete später, daß der Papst nach Lektüre der Prophezeiungen totenbleich geworden sei und geäußert habe: »Wir können das Geheimnis nicht preisgeben. Es würde eine Panik auslösen.«

Bis zum 15. Oktober 1963 drang in der Tat keine Silbe der »Dritten Botschaft von Fatima« nach außen. Als der Druck der Öffentlichkeit jedoch immer größer wurde, weil ja schließlich die »Madonna« selbst die Publikation für das Jahr 1960 gefordert hatte, passierte eine ganz erstaunliche Sache. Zu dem genannten Datum erschien in der eher unbedeutenden Zeitschrift »Neues Europa« eine von der Redaktion so bezeichnete »diplomatische Version« der Prophezeiungen. Sie war vom Vatikan vermutlich in das katholische Blatt lanciert worden, und der Text liest sich (auszugsweise) so:

»Über die ganze Menschheit wird eine große Züchtigung kommen, noch nicht heute und noch nicht morgen, aber in der zweiten Hälfte des 20. Jahrhunderts. (. . .) Selbst in den höchsten Stellen regiert Satan und bestimmt den Gang der Dinge. (. . .) Es wird ihm gelingen (. . .), Waffen zu erfinden, mit denen man die Hälfte der ganzen Menschheit in wenigen Minuten vernichten kann! Er wird die Mächtigen der Völker in seinen Bann schlagen und sie veranlassen, daß diese Waffen in Massen erzeugt werden. (. . .) Gott wird dann die Menschen strafen, noch härter und noch schwerer, als er sie durch die Sintflut gestraft hat. Aber auch für die Kirche kommt eine Zeit schwerster Prüfungen. (. . .) Die Kirche wird sich verfinstern, und die Welt gerät in große Bestürzung. (. . .) Feuer und Rauch werden dann vom Himmel fallen, und die Wasser der Ozeane werden verdampfen, und die Gischt wird gen Himmel ziehen, und alles wird umstürzen, was aufrecht steht. Und Millionen und Abermillionen von Menschen werden von einer zur anderen Stunde ums Leben kommen, und die, welche dann noch leben,

werden diejenigen beneiden, die tot sind. (. . .) Es wird eine Zeit sein, die kein König und Kaiser und kein Kardinal und Bischof erwartet. (. . .) Später aber, wenn die, die alles überstehen, noch am Leben sind, wird man erneut nach Gott und seiner Herrlichkeit rufen und Gott wieder dienen wie einst, als die Welt noch nicht so verdorben war. Ich rufe auf alle wahren Nachfolger meines Sohnes Jesus Christus, alle wahren Christen und die Apostel der letzten Zeit! Die Zeit der Zeit kommt und das Ende, wenn die Menschen sich nicht bekehren und diese Bekehrung nicht von oben kommt, von den Regierenden der Welt und den Regierenden der Kirche. Doch wehe, wehe, wenn diese Bekehrung nicht kommt und alles bleibt, wie es ist, ja alles noch viel schlimmer wird! Gehe hin, mein Kind, und verkünde das! Ich werde dir dabei helfend zur Seite stehen.«

Ein Vergleich mit dem Traktat des Reaktionärs Joseph von Görres drängt sich hier unwillkürlich auf. Auch diese obskure »Dritte Botschaft von Fatima« ist mit Sicherheit nichts anderes als ein Versuch, die Leser im Sinn der vatikanischen Theologie und Weltanschauung zu manipulieren. Ebenso leicht wie der Görres-Text ist auch derjenige aus der Zeitschrift »Neues Europa« zu entlarven. Aus sich selbst heraus kann er als Schwindel demaskiert werden, und der Beweis für diese Behauptung soll sofort angetreten werden:

Es ist in diesem Elaborat, das nach Weisung der »Madonna« angeblich im Jahr 1960 der Weltöffentlichkeit vorgelegt werden sollte, die Rede davon, daß es Satan gelingen werde, Waffen zu erfinden, mit denen man die Hälfte der ganzen Menschheit in wenigen Minuten vernichten könne. – Diese Waffen jedoch waren bereits 15 Jahre vor dem geplanten Zeitpunkt der scheinbar so sensationellen Enthüllung vorhanden, beziehungsweise erfunden. Jedes Kind weiß, daß die Atombombenabwürfe auf Hiroshima und Nagasaki 1945 erfolgten. Es wäre damit völlig sinnlos gewesen, ihre Erfindung erst 1960 anzukündigen. Hätte die »Madonna« dies wirklich getan, müßte man sie schlicht als total inkompetent, wenn nicht hirnrissig bezeichnen.

Weiter heißt es in dem 1963 verbreiteten Machwerk, daß Satan die Mächtigen der Völker veranlassen werde, diese Waffen in Massen zu erzeugen. Wohlgemerkt, er werde dies laut Botschaft der »Madonna« erst nach 1960 tun! Auch das ist – zeitlich gesehen – Unsinn! Bereits 1946 hatten amerikanische Atombomben-Großversuche auf dem Bikini-Atoll im Pazifik stattgefunden. Am 27. Oktober 1954 sah sich die UNO gezwungen, eine internationale Kontrolle der atomaren Aufrüstung zu fordern. Und am 12. April 1957 richteten die beiden genialen Kernphysiker Heisenberg und Hahn einen flammenden Protest gegen die nukleare Hochrüstung an die Regierungen der Erde. Schon damals hätte ein atomarer Krieg nicht bloß die Hälfte der Menschheit vernichten können, so wie es die »Madonna« für die Zeit nach 1960 arg blauäugig in Aussicht stellte, sondern es existierte längst das sogenannte Overkill-Potential!

Sodann sticht ein Satz ins Auge, welcher besagt, daß die Bekehrung der Menschen »von oben« und (. . .) von »den Regierenden der Kirche« kommen müsse. – Dies ist nun ganz sicher vatikanische Dogmatik; im Einklang mit den Evangelien steht es freilich nicht, denn dort wird ganz unzweifelhaft eine Umkehr der Menschen nicht durch obrigkeitliche Zwangsmittel, sondern durch individuelle Einsicht gepredigt; ein Christentum also, das »von unten« kommt. Was die »Madonna« forderte, ist also eher die Fundamentaltheologie eines Bischofs Krenn – und keinesfalls etwas, das mit der Lehre Jesu in eins geht. Die »Lichterscheinung« von Fatima hätte damit eine evangelienfeindliche Ketzerei proklamiert; sie hätte sich in klaren Widerspruch zur Botschaft ihres angeblichen Sohnes »Christus« gestellt.

Zuletzt noch ein fast erheiternder Fauxpas der »Überirdischen« oder vielleicht auch eines verkappten Monarchisten in Rom, dem ein »Freud'scher Verschreiber« unterlief: Von »Königen und Kaisern« in der zweiten Hälfte des 20. Jahrhunderts ist die Rede; hier wird die Inkompetenz der Fälscher schon beinahe peinlich.

Wenn aber nun erstens etwas Sinnloses »prophezeit« wurde, das sich zweitens nicht mit dem vereinbaren läßt, was die tatsächliche »Mutter« des christlichen »Gottes« zu sagen gehabt hätte, dann bleibt nur die logische Schlußfolgerung, daß die 1963er Publikation von interessierter Seite getürkt wurde; daß sie gar nichts – oder höchstens am Rande – mit der tatsächlichen »Dritten Botschaft von Fatima« zu tun hat. Daß sie eine Propagandalüge ist, die lediglich der Macht der katholischen Kirche dienen soll, und daß allenfalls ein paar Worte des Originals in sehr abgeschwächter Form in diesem Elaborat enthalten sind; möglicherweise, weil echte metaphysische Rücksichtnahme verbot, sie ganz unter den Tisch fallen zu lassen.

Sinnvoll scheint der Text nämlich nur an einer einzigen Stelle (die konkreten Auswirkungen eines Nuklearkrieges einmal ausgeklammert) zu werden. Diese Passage lautet: »*Aber auch für die Kirche kommt eine Zeit schwerster Prüfungen. (. . .) Die Kirche wird sich verfinstern. (. . .) Es wird eine Zeit sein, die kein (. . .) Kardinal und kein Bischof erwartet.*« – Und warum trifft das dann nicht auch auf den Papst zu? möchte man sofort fragen. Die Antwort: Weil der Papst ja den gesamten Inhalt der Fatima-Prophezeiung kennt!

In Wahrheit geht es nämlich in der »Dritten Botschaft« um die Kirche. Das schockierte offenbar Johannes XXIII. und die Mitglieder des »Heiligen Offiziums« im Jahr 1960 dermaßen, daß sie sich sogar gegen den Willen der »Madonna« stellten und die Veröffentlichung der Prophezeiung verhinderten. Statt dessen wurde der zumindest weitestgehend falsche Text in die Zeitschrift »Neues Europa« lanciert.

Wer nun glaubt, daß ein solches Vorgehen dem Vatikan nicht zuzutrauen sei, soll sich bitte in Erinnerung rufen, daß die katholische Kirche sich während ihrer fast zweitausendjährigen Geschichte schon oft und in ungleich schwerer wiegender Weise gegen den »göttlichen Willen« gestellt hat. Der mosaische Jude Jesus, auf den das Christentum sich beruft, lehrte die Nächstenliebe – und Rom verfolgte Juden, Ketzer und »Hexen« zu Abermillionen; metzelte, meuchelte und verbrannte sie. Jesus predigte die Feindesliebe – und wohin immer auch das Christentum gelangte – nach Afrika, nach Amerika, nach Asien – verzeichnen die Geschichtsbücher Völkermorde. Warum also, wenn die Kirche die Botschaft des Juden Jahrhundert um Jahrhundert in ihrem tiefsten und heiligsten Kern verneinte, sollte sie Skrupel haben hinsichtlich einer bloßen Prophezeiung?! Es ging dieser Organisation stets nur um die eigene Macht – und wenn in Fatima Sätze fielen, wonach diese Macht ihr Ende finden wird, dann ist dies für den hohen Klerus allemal Grund genug, eine solche Schauung zu unterdrücken!

Diese Behauptung wird vom Autor nicht einfach in den Raum gestellt. Sie ist, wenigstens indirekt, von zwei hochrangigen Würdenträgern der katholischen Kirche mittlerweile bestätigt worden.

Der eine heißt Kardinal Ottaviani; er war einer der Inquisitoren, die bei dem Treffen mit Papst Johannes XXIII. Einblick in die »Dritte Botschaft« nehmen konnten. Kardinal Ottaviani sagte 1967 auf einer Pressekonferenz: »Ich kann nur feststellen, daß alles, was über das Geheimnis von Fatima zirkuliert, jeglicher Grundlage entbehrt.«

Das Statement des anderen Kirchenfürsten ist noch interessanter. Es handelt sich bei ihm um den jetzigen

Diözesanbischof von Leiria, Alberto Cosme do Amaral. In einem Interview, das am 30. September 1984 in der katholischen Wochenzeitung »Bildpost« veröffentlicht wurde, führte er aus: »Das dritte Geheimnis von Fatima hat nichts mit Atombomben und Sprengköpfen, nichts mit ›Pershing‹ und ›SS-20-Raketen‹, nichts mit der Vernichtung der Welt zu tun. Der Inhalt betrifft vielmehr unseren Glauben . . .«

»Der Inhalt betrifft den Untergang dieses Glaubens« – so müßte es wohl präziser heißen. Und auch dies ist wiederum keine bloße Wunschvorstellung des zugegebenermaßen kirchenfeindlichen Autors, sondern die These, daß die Fatima-Prophezeiung genau das beinhaltet, wird durch die Schauungen zahlreicher anderer Hellseher untermauert. Wir wollen uns noch einmal in Erinnerung rufen, was die bayerischen, böhmischen und österreichischen Präkognitiven zu diesem Thema zu sagen haben:

Mühlhiasl: »*Die Religion wird noch so klein, daß man's in einen Hut hineinbringt. – Der Glaub'n wird so dünn, daß man ihn mit der Geißel abhauen kann. – Den Herrgott werden sie von der Wand reißen und im Kasten einsperren. – Kommt aber eine Zeit, da werden sie ihn wieder hervorholen, aber es wird zu spät sein, weil die Sach' ihren Lauf nimmt.*«

Stormberger: »*Das Kreuz wird von der Wand heruntergeholt. – Die Pfarrer werden sich die Hände und die Gesichter anrußen, damit man sie nicht erkennt. – Der Glaube wird so klein, daß er in eine Hutscheibe hineingeht. – In Zwiesel werden sieben Geistliche sein,*

und jeder wird eine Messe lesen. Aber nur sieben Leut
werden sie anhören, so wahr ich vom Totenwagen
fall! – Die Geistlichen werden schlecht geachtet sein,
und der katholische Glaube wird viele Feinde haben.«

Blinder Hirte: *»Dann fallen die Kronen. – Dann*
werden die gekrönten Häupter wie reife Äpfel von den
Bäumen fallen. – Dann wird über die Welt ein neues
Zeitalter kommen, das man das Goldene nennen
wird.« (Anmerkung des Autors: Um die Aussage des
Hirten wirklich zu verstehen, muß man sich in seine
Denkweise hineinversetzen. Wenn ein Mensch des 14.
Jahrhunderts an gekrönte Häupter dachte, dann meinte er zuallererst zwei: Kaiser und Papst. Diese Kronen
waren damals sozusagen die Stützpfeiler der Welt. Die
Prophezeiung vom Sturz der Kronen bedeutet also,
daß vor allen Dingen Kaiser- und Papsttum untergehen
werden.)

Sibylle von Prag: *»Nachher werden neue Religionen*
ersonnen. – Dort, wo heute die Statue des heiligen
Wenzel steht, wird ein hoher Turm einen neuen Tem-
pel krönen. – Prächtig wird dieser Tempel sein, aus
Gold und Silber erbaut.«

Holzhauser: *»Eine blutige Letze wird die Kirche*
betrüben; größte Drangsal und alle Art Verwirrung
werden herrschen. – Und siehe, ich erblickte eine lan-
ge Kette von Sprachen und Völkern und von Feinden
des Kreuzes Jesu Christi. – Und sie haben vielfach
gesiegt; haben die festesten Städte erobert, Glück in
ihren Unternehmungen gehabt und die Oberhand er-
rungen.«

Sepp Wudy: »*Mit dem Glauben geht es bergab.*«

Alois Irlmaier: »*Die Kirche sehe ich brennen. – Im Stiefelland bricht eine Revolution aus. Ich glaube, es ist ein Religionskrieg, weil sie alle Geistlichen umbringen. – Ich sehe Priester mit weißen Haaren tot am Boden liegen. – Hinter dem Papst ist ein blutiges Messer und tote Priester mit weißen Haaren. – Der Papst flieht nach Südosten oder über das große Wasser.*«

Sieben unserer elf Hellseher machen also ganz klare Aussagen über den Untergang des Christentums. Präkognitive vom 14. bis zum 20. Jahrhundert, und alle bringen das Harmageddon des Vatikans mit der Zeit um die Wende vom zweiten zum dritten Jahrtausend in Verbindung. Eine solche Übereinstimmung kann einfach kein Zufall sein – um so mehr, als sie zusätzlich von anderen großen Propheten bestätigt wird.

So ist seit dem Jahr 1595 die berühmte Papstweissagung des heiligen Malachias, eines englischen oder irischen Priesters, bekannt, die aus einer chronologischen Folge der noch kommenden Oberhäupter der katholischen Kirche besteht; außerdem kurze Kommentare enthält. Die Päpste werden in der Malachias-Prophezeiung mit symbolischen Namen bezeichnet: Paul VI. als »Blume der Blumen«, Johannes Paul I. als »Vom halben Mond«, Johannes Paul II. als »Von der Verfinsterung der Sonne». Es folgt dann noch ein weiterer Pontifex Maximus, genannt »Glorie des Ölbaumes«, und dann schließt die Schauung mit einer Aussage über den letzten Papst ab: »*In der letzten Verfolgung der heiligen römischen Kirche regiert Pe-*

trus der Römer, der seine Schafe weidet in vielen Trübsalen. Wenn diese vorbei sind, wird die Siebenhügelstadt zerstört, und der schreckliche Richter wird sein Volk richten. Ende.«

Aber auch Nostradamus (1503-1566), der wohl berühmteste aller Propheten, äußerte sich ganz unzweideutig über das finale Schicksal des Christentums und vor allem des Katholizismus:

»Wie Wasser, so reichlich, wird das Blut der Kirchenleute vergossen werden; wird lange nicht getrocknet werden. Hier kommt dem Pfaffen Elend und große Not. – Die große Stadt der Volsker (Rom) *wird verwüstet werden. Ihre Tempel wird man plündern. Die beiden Flüsse* (Tiber und Aniene) *werden sich rot einfärben durch all das Blut. – Ein Drachenwind wird den Sitz wegfegen. Die schlecht bestatteten Gebeine des Römers wird man finden, das marmorne Grab wird aufgerissen zu sehen sein; beben wird die Erde im April. – Hüte dich, römischer Pontifex, dich der Stadt zu nähern, die von zwei Flüssen umspült wird! In ihrer Nähe wirst du dein Blut speien. Du und deine Anhänger, zur Zeit, wenn die Rose blühen wird. – Die Herrschaft der Kirche wird gebrochen werden. – Der Aventin wird brennen in der Nacht. – Es wird weder Mönche noch Priester, noch Novizen mehr geben. – Die große Gründung wird zerstört werden. – Sehr nahe dem Tiber lauert Lybitine* (die antike römische Todesgöttin). *Kurz zuvor wird es eine große Umwälzung geben. – Das Oberhaupt wird in die Jauche geworfen werden. – Burg und Palast werden aufflam-*

men. – Die Monarchie wird zugrunde gehen, die Kirche wird ein noch schrecklicheres Schicksal erleiden.«

Das präkognitive Wissen um den Untergang der Kirche und der christlichen Religion ist also bereits seit Jahrhunderten vorhanden; die diesbezügliche Schauung von Fatima reiht sich lediglich in die Kette all der anderen Prophezeiungen ein. Deswegen ist es auch sinnlos, wenn der Vatikan dieses »Dritte Geheimnis« zu unterdrücken versucht; es wurde vom Blinden Hirten, von der Sibylle, von Nostradamus sowie einem halben Dutzend weiterer Hellseher quasi bereits entschlüsselt, ehe es von Johannes XXIII. und den Mitgliedern des »Heiligen Offiziums« überhaupt mit der obskurantistischen Aura umhüllt wurde.

Eine Manipulation der Wahrheit, wie Rom sie nach Aussage des Bischofs von Leiria betrieb, ist freilich das absolut falsche Mittel zur Rettung der katholischen Kirche. Allein eine fundamentale Umkehr des gesamten Klerus, eine Reformation weit über Luther hinaus, könnte das Eintreffen der Visionen noch verhindern – doch der Autor kann sich die abschließende Feststellung nicht verkneifen, daß der Vatikan dies vermutlich nicht schaffen wird ...

Der Mühlhiasl lebte!

In Rom wurde eine Prophezeiung unterdrückt – in Frauenau im Bayerischen Wald sollte es gar einem Hellseher in persona ans Leder gehen.

Im November 1993 brachte der Volkskundler Dr. Reinhard Haller, wie bereits in der Einführung zu diesem Buch erwähnt, sein Werk »Mühlhiasl – Vom Leben und Sterben des Waldpropheten« auf den Markt. Haller gesteht in seiner Arbeit zwar die historische Existenz des Müllers Matthäus Lang aus Apoig zu, bestreitet aber dann, daß dieser Mann ein Prophet gewesen sei; vielmehr habe Lang ein völlig unspektakuläres Leben geführt und habe keinerlei ungewöhnliche Fähigkeiten besessen. Den berühmten Hellseher Mühlhiasl habe es infolgedessen gar nicht gegeben; er sei ein reines Produkt der Volksphantasie – und deswegen könne er nun, knapp 200 Jahre nach dem biologischen Tod des Matthäus Lang, auch endgültig zu Grabe getragen werden.

Im Vorwort zu diesem Buch und ebenso in einem Interview, das am 5./6. Januar 1994 in der »Süddeutschen Zeitung« erschien, habe ich angekündigt, daß ich diese These Hallers widerlegen würde. Auf den folgenden Seiten soll nun der Beweis dafür angetreten werden, daß der Frauenauer Volkskundler irrte; daß er in seinem »Toten vom Straubinger Petersfriedhof« einem Phantom nachjagte.

Zunächst müssen dazu ein paar Daten rekapituliert werden: Die verschiedenen Mühlhiasl-Forscher sind sich darüber einig, daß die historische Person, die später unter dem volkstümlichen Namen Mühlhiasl bekannt wurde, Matthäus Lang hieß und aus Apoig bei Hunderdorf im heutigen Landkreis Straubing/Bogen stammte. Dort wurde Matthäus Lang als Sohn eines Müllers geboren und am 16. September 1753 im nahegelegenen Kloster Windberg getauft. Er erlernte den Beruf seines Vaters, übernahm die Mühle am 23. Dezember 1778, heiratete am 24. Juli 1788 eine gewisse Barbara Lorenz aus Racklberg und hatte mit ihr bis 1800 acht Kinder. 1799 nahm Matthäus Lang von den Mönchen des Klosters Windberg ein Darlehen auf, konnte es nicht zurückzahlen und wurde deswegen im Jahr 1801 von der Mühle vertrieben.

Bis hierher gehen Haller und die anderen Mühlhiasl-Forscher ziemlich konform; lediglich in Sachen Darlehensrückzahlung vertritt der Frauenauer Volkskundler eine etwas abweichende Meinung. Ab 1801 jedoch, ab dem Zeitpunkt, da Matthäus Lang sein ererbtes Apoiger Anwesen verließ, scheiden sich die Geister. Während die »orthodoxe Lehre« behauptet, daß der fallierte Müller sich von seiner Familie ganz oder zumindest periodisch trennte und im Bayerischen Wald als Gelegenheitsarbeiter und Visionär lebte, vertritt Haller die Ansicht, daß ebenderselbe Matthäus Lang von Apoig nach Straubing zog, sich dort als reputierlicher Bürger niederließ und bis zu seinem Tod im April 1805 zusammen mit seiner Gattin Barbara eine kleine Gärtnerei am »Leichenweg nach Sct. Peter« betrieb.

Nun folgert Haller – scheinbar völlig logisch – weiter, daß dieser Lang eben nicht der »Waldprophet Mühlhiasl« gewesen sein könne, denn er habe sich ja nachweislich nach 1801 gar nicht im Bayerischen Wald aufgehalten, sondern sei vielmehr zu einem Straubinger geworden. Zwar bringt Haller keine Dokumente bei, die beweisen könnten, daß Lang von 1801 bis 1805 tatsächlich ununterbrochen in der Gäubodenstadt lebte, doch immerhin hat der Volkskundler eine Quelle ausgegraben, welche Umstände und Datum des Todes jenes M. Lang genau fixiert. Vor allem an diesem Eintrag im Sterbebuch der Pfarrei St. Peter zu Straubing macht Dr. Reinhard Haller seine These fest; er selbst schreibt dazu, in der Interpunktion etwas eigenwillig, in seinem Buch: »Was in 70 Jahren ›Mühlhiasl‹- bzw. Matthias Lang-Forschung nicht gelungen war fiel jetzt, nach kriminalistischer Kleinarbeit wie eine überreife Frucht vom Baum. Die letzten Dinge des Matthias Lang und seiner Frau Barbara beginnen sich zu runden.« Und an anderer Stelle: »Nichts mehr von dem (. . .), was uns die ›Mühlhiasl‹-Forschung bis heute aufgebunden hat, wird sich künftighin noch vertreten lassen. Matthias Lang steigt geläutert aus dem Prüfstand. Das Publikum verläßt desillusioniert den Schauplatz. Aber die Sage darf bleiben . . .«

Dies soll vorerst noch kommentarlos hingenommen werden; wichtiger ist zunächst der genaue Wortlaut des bewußten Textes in den Straubinger Sterbematrikeln. In der lateinischen Fassung liest sich das so:

»18. April 1805. Obiit Mathias Lang, civ. olitor uxoratus ex pulmonum Tabe 51. annor. ultimis Sacramentis munitus. Sepult. 20 ejusd. ad S. Petrum.«

Die deutsche Übersetzung nach Haller lautet:

»Am 18. April 1805 ist der verheiratete bürgerliche Gemüsegärtner Mathias Lang, gestärkt mit den letzten Sakramenten, im Alter von 51 Jahren an Lungenschwindsucht gestorben (und) am 20. April zu St. Peter begraben worden.«

Die Übertragung des lateinischen Textes ins Deutsche ist exakt – von einer kleinen Schludrigkeit abgesehen, auf die wir später noch zu sprechen kommen werden. Ehe jedoch mit Hilfe dieses Übersetzungsfehlers Hallers These zerschlagen werden soll, wollen wir uns einmal die Vornamen des Mühlhiasl und des »Toten vom Straubinger Petersfriedhof« näher ansehen.

Zweifelsfrei war der Mann, der in der Volksüberlieferung als Waldprophet lebendig geblieben ist, auf den Rufnamen Matthäus getauft. So steht es in den Klosterbüchern von Windberg; es ist nicht daran zu rütteln. Der Straubinger Gärtner hingegen, auf den sich Haller bezieht, hieß Matthias; in den Sterbematrikeln sogar Mathias. Hier liegt ein erster Widerspruch, der freilich von dem Frauenauer Volkskundler noch relativ leicht kaschiert werden kann. Haller unterstellt einfach, daß der Eintrag ins Straubinger Sterbebuch schlampig erfolgte. Schließlich klängen die Namen Matthäus und Matthias/Mathias ähnlich; da könne ein solcher Flüchtigkeitsfehler schon einmal vorkommen. Diese Erklärung wäre auch nachvollziehbar – aber nur dann, wenn sich Matthäus Lang und Matthias/Mathias Lang eben nur durch ihre Vornamen unterscheiden würden. In Wirklichkeit ist es aber so, daß es noch eine zweite und ungleich gravierendere Diskrepanz gibt, und damit kommen wir zur eigentlichen Widerlegung der Haller-These. Was die verschiedenen Vornamen als Indizien bereits andeuten, kann durch präzises Lesen des Eintrags in den Sterbematrikeln bewiesen werden: Matthäus Lang aus Apoig, der wahre Mühlhiasl, kann nicht identisch mit jenem Mathias Lang aus Straubing gewesen sein!

Der entsprechende Passus in den Sterbebüchern besagt: »Obiit Mathias Lang (. . .) 51. annor.« – Haller überträgt das nicht ganz exakt so, daß jener Lang »im Alter von 51 Jahren« gestorben sei.

In Wirklichkeit muß die Stelle »51. annor(um)« aber richtig so übersetzt werden, daß Mathias Lang »im 51. seiner Jahre« stand, als er beigesetzt wurde. Wer im 51. Lebensjahr steht, kann logischerweise dieses 51. Lebensjahr noch nicht vollendet haben.

Und nun sehen wir uns noch einmal die Lebensdaten des Matthäus Lang aus Apoig an. Er, der wahre Mühlhiasl, wurde am 16. September 1753 getauft; im April 1805 hätte er folglich nicht in seinem 51., sondern bereits in seinem 52. Lebensjahr gestanden, und im September 1805 hätte er es vollendet.

Wäre also der Fallierte von Apoig zu der bewußten Zeit auf dem Straubinger Petersfriedhof beerdigt worden, dann hätte der Eintrag im Matrikelbuch lauten müssen: »Obiit 52. annorum.« Es steht aber dezidiert eine abweichende Altersangabe da, und dies wiederum kann nur bedeuten, daß Dr. Reinhard Haller in der Gäubodenstadt ein »Phantom« ausgemacht hat. Der Gärtner Mathias Lang aus Straubing kann unmöglich der ehemalige Müller Matthäus Lang aus Apoig gewesen sein!

Nicht die Lebensgeschichte des Mühlhiasl ist deswegen eine Sage, sondern die These, die der Frauenauer Volkskundler in seinem Buch in die Welt gesetzt hat. Der Prophet lebt weiter; er hat sich – buchstäblich – im Tode auch Dr. Reinhard Haller noch einmal entzogen.

Dennoch bleiben einige Fragen offen. Zum einen wirft die Übereinstimmung der Familiennamen des echten Hellsehers und des Gärtners (zunächst) ein Rätsel auf; zum anderen geht es um die Gattin Barbara des wahren Mühlhiasl, die nach 1801 tatsächlich in jenem Bürgerhaus in Straubing lebte. Gerade der zweite Fakt scheint doch wieder dafür zu sprechen, daß auch Matthäus Lang dort ansässig war, und natürlich baut Haller dies in seine These ein. Er schreibt, die Witwe des Mathias Lang habe das Anwesen ab 1805 allein bewirtschaftet und sei 1818 verstorben.

In Wahrheit wird es wohl so gewesen sein, daß der

Gärtner Mathias Lang ein Verwandter des Mühlhiasl war, was die Namensgleichheit am allereinfachsten erklärt. Die Apoiger Familie war groß, Matthäus Lang war das fünfte Kind seiner Eltern; verschiedene andere Zweige der Sippe lassen sich in der fraglichen Gegend nachweisen. Wenn nun, wie die Volksüberlieferung berichtet, der Mühlhiasl 1801 zum ruhelosen Wanderer und dann im Zwieseler Raum zum »Stoaberger« wurde, dann mußte sich natürlich jemand um seine Gattin und die Kinder kümmern. Am natürlichsten hätte das ein Bruder, Vetter oder Onkel des Matthäus getan; eben jener Mathias Lang. In einer Zeit, zu der überall noch die Großfamilien existierten, wäre das wahrlich keine Sensation, vielmehr ganz normal gewesen.

Ja, es kann sich sogar so verhalten haben, wie Haller in seinem Buch schreibt – daß der echte Mühlhiasl nach dem Verlust der Apoiger Mühle noch Bargeld übrigbehielt und damit den Hauskauf in Straubing in die Wege leitete. Aber nicht er betrieb dann die Gärtnerei dort, sondern sein Verwandter, und auf diese Weise wäre recht elegant die Familie des Propheten versorgt gewesen. Der Mühlhiasl selbst hätte dann guten Gewissens sein Leben anderswo verbringen können.

Barbara Lang wäre dann nicht die Gattin des Gärtners Mathias Lang gewesen, vielmehr eine mit ihm verschwägerte Inwohnerin des Anwesens am »Leichenweg nach Sct. Peter«. Bis 1805, dem Todesjahr des Verwandten, wirtschaftete sie zusammen mit ihm; anschließend führte sie den Betrieb allein weiter. Allerdings nicht als seine Witwe, wie Haller behauptet, sondern immer noch als Gattin des mehr oder weniger verschollenen Mühlhiasl. Und auch das ist – zumindest aufgrund von Indizien – belegbar.

Haller interpretiert nämlich die Aussagen der ihm vorliegenden Dokumente dahingehend, daß Barbara Lang scheinbar schon ab 1805 als Witwe auftaucht. Betrachtet man aber die Urkunden aus der Gäubodenstadt genauer, dann stellt sich schnell heraus, daß das so nicht stimmen kann. Barbara Lang wird in Wahrheit erstmals im Jahr 1809, nachdem sie schon seit 1805 alleinige Inhaberin der Gärtnerei war, als Witwe bezeichnet. Sie trat also nicht zeitgleich mit dem Tod des Mathias Lang in diesen Stand ein, sondern erst vier Jahre später – logischerweise dann, als sie die Nachricht vom Ableben ihres Gatten Matthäus, des Mühlhiasl, vermutlich aus Zwiesel bekam.

Vom Vergleich der Jahreszahlen her (1805: Tod des Mathias Lang, 1809: Witwenschaft der Barbara Lang) ist diese These sicher nachvollziehbar; dennoch gibt der Eintrag im »Adressbuch der Stadt Straubing« vom Jahr 1809, auf den wir uns dabei beziehen müssen, noch einmal ein Rätsel auf.

»*Math. Lang Gärtlers Wittwe*«, heißt es da in der altertümlichen Schreibweise.

Dies scheint auf den ersten Blick doch wieder zu bedeuten, daß Barbara Lang die überlebende Ehefrau des Gärtners Mathias Lang gewesen sein muß. Auf den ersten Blick freilich nur – auf den zweiten nicht!

Denn wir wissen ja längst, daß es sich so nicht

verhalten haben kann: Der Straubinger Mathias und der ehemalige Apoiger Müller Matthäus waren, wie weiter oben bereits ausgeführt, auf keinen Fall identisch! Trotzdem wird Barbara Lang im Jahr 1809 als »Wittwe« des »Math. Lang Gärtlers« bezeichnet. Ein unmöglicher Widerspruch, der dennoch schwarz auf weiß in den Urkunden steht. Bei genauerer Betrachtung und Kenntnis der Hintergründe allerdings löst er sich auf.

Zum einen ist der Vorname des »Gärtlers« abgekürzt. Es kann ebensogut ein Mathias als auch ein Mat(t)häus gemeint sein. Damit rückt der echte Gemahl der Barbara Lang schon wieder ein Stück näher. Und was den »Gärtler« angeht, so schreibt Dr. Reinhard Haller in seinem Buch ja selbst, daß der Apoiger Matthäus nach dem Verlust seiner Mühle noch ausreichend Bargeld besaß, um die Gärtnerei in Straubing zu erwerben. Damit wäre er dann rechtlich auch zum »Gärtler« geworden – egal, ob er diesen Beruf tatsächlich ausübte, oder dies seinem Verwandten Mathias Lang überließ. Auch als Waldprophet in Rabenstein kann der Mühlhiasl juristisch ein »Gärtler« in der Gäubodenstadt geblieben sein; einer, der ganz simpel das volle oder teilweise Eigentumsrecht an der bewußten Gärtnerei besaß. Und dann wäre Barbara Lang eben 1809 auch zur »Wittwe« des »Mat(t)h(äus) Lang Gärtlers« geworden.

Dies ist die einzig logische Erklärung; nur so fügen sich alle Teile des zugegebenermaßen komplizierten Puzzles zusammen. Und wenn man diese Indizienkette akzeptiert, dann ist möglicherweise noch ein weiteres Rätsel um den Mühlhiasl gelöst. Sein bisher nicht eruierbares Sterbedatum wird plötzlich ziemlich greifbar: 1809 ist das vermutliche Todesjahr des Sehers von Rabenstein. Im »Adressbuch der Stadt Straubing« ist es indirekt dokumentiert.

Der Autor gibt gerne zu, daß er diese Erkenntnis der intensiven Auseinandersetzung mit Dr. Reinhard Hallers Werk verdankt. Der Frauenauer Wissenschaftler hat sich also durchaus Verdienste um die Mühlhiasl-Forschung erworben.

In seiner Kernaussage freilich ist Haller widerlegt! Nicht er, der den Waldpropheten zur Sagengestalt degradieren wollte, hat recht, sondern der Volksmund, der schon immer behauptete:

Der Mühlhiasl lebte!

Esoterische Aspekte
der Prophetie

Rund ein halbes Jahrtausend vor Paulus, der keineswegs im Sinne des guten Juden Jeschu oder Jesus die christliche Religion ausgebar, tauchten sie erstmals auf.

Im Böhmischen Kessel und etwa zeitgleich im Salzkammergut begann die heidnische Zivilisation der Kelten zu blühen. Die Historiker sprechen von der Hallstatt-Kultur, und ihr Geist breitete sich in den folgenden Jahrhunderten quer über den gesamten europäischen Kontinent hin aus. Angehörige des geheimnisvollen Volkes wanderten und siedelten bis Frankreich, England und Irland; in südöstlicher Richtung erreichten sie den Balkan, Griechenland und als »Galater« sogar Kleinasien. Doch sie waren nicht angetreten, um – wie später die Römer und dann die Christen – das Abendland ihrer Tyrannei zu unterwerfen; vielmehr drängte es sie dazu, ein zauberisches philosophisches und naturmagisches Netz von Erin bis Hellas auszuwerfen.

Ihr Blick war nicht – wie bei den lebensängstlichen Nachfolgern des Paulus – auf ein »irdisches Jammertal« und ein bedrohliches Jenseits ausgerichtet; statt dessen brachten sie lachend Diesseits- und Anderswelt in Einklang. Sie waren sich dabei sehr gut ihrer menschlichen Schwächen, aber auch Stärken bewußt; das Natürliche in allen seinen Spielarten zu akzeptieren bedeutete für sie Übereinstimmung mit ihren Göttern. Dieses Natürliche aber lag für die Kelten sowohl vor als auch hinter den »Nebeln von Avalon«, den von den lockenden Feen gewobenen Schleiern zwischen erdhafter Realität und realem Traum; sie vermochten in beiden Dimensionen zu leben, und dies machte ihre seelische Größe aus.

Seelische und geistige Wegbereiter waren ihnen gleichermaßen Druiden und Dichter: Magier ebenso des Inwendigen wie des gesprochenen oder gesungenen Wortes. Sie schlugen den zahlreichen keltischen oder keltisch gewordenen Völkern zwischen Atlantik und Mittelmeer ein halbes Jahrtausend lang die phantastische Brücke. Europa durfte sein spätantikes Goldenes Zeitalter erleben. Dann aber kollidierte die Zivilisation dieser begeisternden Traumepoche mit Rom. Unter den Stiefeln der heranmarschierenden Legionen ging eine höherstehende Kultur unter.

Teilweise durch Völkermorde (Cäsar rühmt sich ihrer auch noch in seinem »Gallischen Krieg«) wurde das Keltentum aufgerieben und zum größten Teil vernichtet; die überlebenden Stämme wurden zumeist in die Randbezirke des Kontinents zurückgedrängt. Restpopulationen fanden in der Bretagne, in Cornwall, Wales, Schottland und Irland Zuflucht – aber auch im Böhmerwald und in den Bergen des Salzkammergutes hielten sich keltische Siedlungsinseln. Und sie bewahrten, während Europa zuerst unter der menschenverachtenden Ideologie der Römer und dann unter der noch schlimmeren Tyrannei der katholischen Kirche ächzte, ihr Erbe.

Dieses Vermächtnis überlebte in Westeuropa, aber auch in den genannten mitteleuropäischen Regionen, in denen vor zweieinhalb Jahrtausenden die Wiege des Keltentums stand, bis heute. Und damit ist auch die mentale Wurzel der bayerischen, böhmischen und österreichischen Hellseher angesprochen: Weil sie in diesem idealen landschaftlich-geistigen Umfeld geboren wurden oder wirkten, brachten oder bringen sie es leichter als andere fertig, auch nach Millennien noch immer die andersweltliche Brücke zu besteigen. Sie bewahrten und bewahren unbewußt nach wie vor die Erinnerung an die hallstattzeitlichen Dichter und Druiden – und an ganz speziellen Orten kommen ihnen bis heute zudem die »äußerlichen Hilfsmittel« dieser Menschen zugute.

Dies sind heilige Plätze der Kelten und anderer weiser Völker, die noch vor diesen lebten. Wie die esoterisch geprägte Vorgeschichtsforscherin Heide Göttner-Abendroth schreibt, stellt gerade der Bayerische- und Böhmerwald eine ganz außerordentliche Kultlandschaft dar. Magische Berge und Täler sind durch Pilgerwege verbunden; besondere Orte durch Steinsetzungen gekennzeichnet. Das Waldgebirge insgesamt, die randströmenden Flüsse dazu, das alles muß einst eine riesige »Insel des Paranormalen« gewesen sein. Neolithische, bronzezeitliche und vor allem keltische Einsiedler lebten dort; seelisch besonders »wache« Frauen und Männer, und zu bestimmten Jahreszeiten kamen die Ackerbauern aus den Flußtälern zu ihnen, um inwendige Erneuerung zu erfahren oder sich Rat zu holen. In reichem Maße wurde ihnen dies alles zuteil, weil die heidnischen Priester und Dichter ihrerseits gerade hier »aus dem Vollen schöpfen« konnten.

Wir wollen uns nun von Heide Göttner-Abendroth zu einem dieser magischen Plätze im Bayerischen Wald führen lassen. Er ist in der Gegend um die Saldenburg an der B 85 von Passau nach Schönberg zu finden.

Laut der Vorgeschichtsexpertin führt ein uralter Pilgerweg an dem Flüßchen Ilz entlang von Passau zunächst bis zur mittelalterlichen Burgruine Dießenstein. Der Name der ehemaligen Festung freilich stammt aus heidnischer Zeit – die »Disen« waren vorchristliche Schicksalsgöttinnen, und das Wissen um sie hat sich offensichtlich allen Missionierungsversuchen der Kirche zum Trotz über das Mittelalter bis in unsere Zeit erhalten.

Von Dießenstein läuft der Pfad weiter zu dem kleinen Dorf Preying, wo wir auf das nächste keltische Relikt stoßen. In Preying nämlich steht eine Kirche, welche der »christlichen Heiligen« Brigida geweiht ist; in Wahrheit freilich handelt es sich bei ihr um die heidnische Brighde oder Brigid, die in vorchristlicher Zeit als »Lichtbringerin« verehrt wurde. Dies aber bedeutet laut Göttner-Abendroth nichts anderes, als daß sie den Menschen geistige Wiedergeburt schenkte.

Exakt westlich des Brigid-Hügels erhebt sich nun die Saldenburg. Das mittelhochdeutsche Wort »salde« oder »saelde« meint »Glückseligkeit«. Offenbar ist das wieder eine Erinnerung an einen vorgeschichtlichen Kultplatz, und was er für die Kelten bedeutete, können wir uns leicht erklären, wenn wir uns vergegenwärtigen, daß der Westen in der Metaphysik dieses Volkes immer mit »Avalon« verknüpft war. Genau dort liegt der »Berg der Saelde«, wenn man auf dem Brigid-Hügel steht; »Avalon« aber ist der Ort, wo die Schleier zwischen Diesseits- und Anderswelt für die Eingeweihten durchsichtig werden.

Auf diesem »Berg der Saelde« hat Heide Göttner-Abendroth eine vorgeschichtliche Stufenpyramide entdeckt, die sich hinter der mittelalterlichen Anlage verbirgt. Das Monument bildet eine Synthese aus natürlich gewachsenem und geformtem Stein, was vielleicht für den von den Heiden angestrebten Einklang zwischen Mensch und Natur stehen soll. Seitlich besitzt es einen Zugang; der Schluchtweg dort führt zunächst tief hinunter in den »Erdmutterschoß«, dann in Spiralen hinauf auf ein Plateau. Von dort konnte der Blick einst frei nach Westen, aber auch östlich über das dazwischenliegende Auggenthal zum Brigid-Hügel schweifen – und dieses Tal vervollkommnet nun die vorchristliche Kultstätte. Drei kleine Seen lagen früher dort unten; heute sind zwei davon verlandet. Zu keltischen Zeiten jedoch wurden sie mit Sicherheit sorgsam

244

gepflegt, denn die Gewässer, die wie Augen in der Landschaft lagen, hatten ihre ganz besondere Bedeutung.

Sie sind symmetrisch angeordnet, und aus der Vogelperspektive sieht es so aus, als ob genau zwischen den beiden »Augen« links und rechts ein drittes läge, das die Spitze eines flachen Dreiecks bildet. Überträgt man diese Anordnung im Geiste auf ein menschliches Antlitz, dann befände sich das »Dritte Auge« exakt über der Nasenwurzel: dort, wo es unsichtbar auch die Präkognitiven haben sollen . . .

Wir haben also in der Gegend der Saldenburg einen Ort der geistigen Wiedergeburt, einen Avalon-Ort, wo die Schleier gelüftet werden, und dazwischen als dritte Komponente des »mentalen Dreiklangs« das Tal, in dessen Zentrum das »Dritte Auge« sich öffnet. Eindeutiger könnten die Zusammenhänge nicht sein; hier lag und liegt einer der großen magischen Plätze des Waldgebirges – eines der Kraftzentren, welche den Bayerischen- und Böhmerwald zur seelischen Heimat für Hellseher machten und machen.

Eine zusätzliche Rolle spielte und spielt dabei bestimmt auch der Schalenstein, der auf der Rückseite des Burghügels zu finden ist. Ganz in der Nähe, bei der Ortschaft Zenting, gibt es weitere monolithische Formationen; den sogenannten »Wackelstein« und das »Steinerne Kirchlein«, das wiederum ganz gewiß nichts mit einem christlichen Sakralbau zu tun hat. Ähnliche aufrecht stehende oder gekippte Dolmen ruhen seit Jahrtausenden auch anderswo in dem zentraleuropäischen Mittelgebirge; der »Wald« ist förmlich übersät davon, man muß nur die Einheimischen fragen.

Diese Steinsetzungen scheinen so etwas wie »Naben« oder »Initiationspunkte« des Unterbewußten zu sein, und dasselbe gilt wohl für die »heiligen Quellen«, die bis heute von der Bevölkerung, zunehmend aber auch von Urlaubern, aufgesucht werden. Manche dieser Borne liegen noch einsam in den Forsten, und man schreibt ihnen heilende Kräfte zu. Sicher ist das nicht allein körperlich gemeint, auch wenn sich das Wasser solcher Brünnlein oft durch einen medizinisch relevanten Mineralgehalt auszeichnet; besondere Lokationen der Quellen, verbunden mit dem niemals wirklich greifbaren Rieseln, können zusätzlich eine Wirkung haben, welche sozusagen die Seele weitet oder läutert.

»Quantensprünge der menschlichen Erkenntnisfähigkeit« können auch angesichts gewisser natürlich gewachsener Felsformationen oder ungewöhnlich geformter Hügelkuppen und Berggrate erfolgen. Einst lagen diese Plätze vermutlich unangetastet in der Landschaft und wurden lediglich geistig erspürt, wenn heidnische Pilger sich ihnen am Ende und Höhepunkt ihres metaphysischen Pfades näherten. Im Zuge der christlichen (Zwangs-)Missionierung wurden diese Orte, ebenso wie zahlreiche magische Quellen, sehr oft überbaut und zweckentfremdet. Kirchen und Kapellen erheben sich seitdem über den wahren Heiligtümern; katholische Quaderwucht und Finsternis verkleistern das Eigentliche, doch wer eine Ader dafür hat, kann den reinen und heidnischen Kern solcher Lokationen noch immer erwittern. Ich kenne eine ganze Reihe von Menschen, welche diese Fähigkeit auch im 20. Jahrhundert und trotz christlicher Erziehung nicht verloren haben, und der Klerus täuscht sich vermutlich sehr, wenn er glaubt, daß die Pilger der Moderne bloß wegen der Heiligenstatuen und der Kruzifixe zu den Sakralbauten kämen. Sie suchen vielmehr in ihrem tiefsten Inneren nichts anders als das, was die Kirche seit vielen Jahrhunderten engstirnig zu verteufeln trachtet: die letztlich unzerstörbare Brücke zurück und damit vorwärts ins »Keltische«.

Dem Zugriff der Kreuzpriester entzogen blieben weitestgehend die »Schratzllöcher«[25] oder »Erdställe«, die wiederum gehäuft im Bayerischen- und Böhmerwald existieren. Im Regelfall liegen diese engen Gänge, Durchstiege und Kammern, die manchmal fast labyrinthisch verschlungen sind, unter sehr alten Bauernhöfen des Mittelgebirges. Sie können sich aber auch in Festungsanlagen finden; so zum Beispiel in Schloß Egg bei Deggendorf, wo ein wissenschaftlich bis heute kaum faßbarer Stollen unter dem Burghof vom Palas[26] zum Bergfried[27] führt, an dessen Kerkerfundament er – scheinbar – sinnlos endet.

In meinem Roman »Šumava« bin ich auf die heidnische Bedeutung dieser »Erdställe« ausführlich eingegangen; ich habe in diesem Böhmerwald-Epos versucht, eine Heilungs- und Wiedergeburtszeremonie in einem solchen »Erdmutterschoß« zu schildern. Doch der junge deutsche Bauer Birg und sein slawischer Freund Boleslav werden von einer weisen Frau nicht nur zum Zweck der körperlichen und psychologischen Erneuerung in die »Unterwelt« geschickt, sie sollen dort auch paranormale Erfahrungen weitergehender Art machen.

Dies könnte – über die Phantasie (und etliches religionsgeschichtliches Fachwissen) eines Romanciers hinaus – tatsächlich der tiefste Sinn der »Schratzllöcher« gewesen sein. Möglicherweise waren auch sie »Knotenpunkte« des außersinnlichen Wahrnehmungsvermögens und damit des Präkognitiven. Archäologisch läßt sich so etwas freilich nicht beweisen; immerhin haben aber die Historiker herausgefunden, daß die meisten »Erdställe« des Bayerischen- und Böhmerwaldes um die Wende vom ersten zum zweiten christlichen Jahrtausend entstanden sind. Dies jedoch ist exakt die Zeit, zu der die (Zwangs-)Missionierung des Mittelgebirges abgeschlossen war; die katholische Kirche endgültig (?) triumphieren konnte. Zumindest nach außen hin war dies so; heimlich hingegen scheinen viele Menschen ihre heidnisch-keltischen Kulte damals in den zu diesem Zweck geschaffenen Stollen- und Höhlensystemen weitergeführt zu haben. Das uralte Wissen wurde in den »Underground« getrieben, ganz zu vernichten vermochten die Christenpriester es aber nicht. Denn Jahrhundert um Jahrhundert wurden auch später noch die »Erdmutterschöße« befahren – und dies möglicherweise nicht nur von den Waldbauern, unter deren Anwesen sie lagen . . .

Es kann doch eigentlich überhaupt keinen Zweifel daran geben, daß gerade die Propheten aus Bayern,

Böhmen und Österreich solch magische Orte wie die »Erdställe«, die Dolmen, die Quellen, die besonderen Erd- und Felsformationen sowie die heidnischen »heiligen Landschaften« für ihre Zwecke nutzten. Mit Sicherheit wußten sie besser als gewöhnliche Menschen um diese »Kraftfelder« und »Zauberknoten« des Paranormalen. Ein Beweis dafür ist die auffällige Verbindung gleich mehrerer der in diesem Buch vorgestellten Hellseher zum Hennenkobel bei Rabenstein. Dort gaben sie sich über viele Generationen hinweg immer wieder ein »Stelldichein«; sie taten es, weil der im Grenzgebiet zwischen Böhmen und Bayern liegende Hennenkobel wahrscheinlich der bedeutendste »Paß« zwischen Diesseits- und Anderswelt überhaupt ist, den es im mitteleuropäischen »Bermuda-Dreieck« gibt.

Der Stormberger hatte dort seine Visionen, nach ihm der Mühlhiasl; der Waldhirte Prokop hütete seine Tiere nur unwesentlich weiter auf dem Rukowitzschachten und wird ebenfalls oft auf dem benachbarten Berg gewesen sein. Hedwig Eleonore Seeler wurde von Berlin nach Rabenstein getrieben, und auch den »Anonymus aus dem Waldviertel« zog es, wie wir wissen, häufig genug dorthin. Und was die übrigen Präkognitiven angeht; Sepp Wudy, den Hirten von Prag, die Sibylle und Alois Irlmaier vor allem – nun, wer will denn sagen, daß sie nicht auch am Hennenkobel auftauchten, und es uns bloß nicht überliefert ist?

Eine ganze Reihe von Propheten ist jedenfalls zu dem geheimnisvollen Berg gewandert, manche haben sogar längere Lebensperioden dort verbracht; sie taten dies auf einer »magischen Insel«, welche dreifach außergewöhnlich ist.

Zunächst gibt es auf dem Gipfel des Hennenkobel eine Reihe von wilden Felsformationen, die jeden Besucher unwillkürlich beeindrucken, ihn ansprechen, ihn seltsam anrühren. Archaisch Schroffes und zugleich unerklärlich Harmonisches scheinen sich in den riesigen Steinen zu verbinden; zusammen mit dem Windrauschen in den Baumwipfeln entsteht eine Art natürliches »Gesamtkunstwerk«, das sehr stark auf die Seele selbst eines nicht paranormal veranlagten Menschen wirkt.

Weiter ist der Berg nicht immer so harmlos als Hennenkobel bezeichnet worden. In früheren Zeiten soll er den Namen des nahegelegenen Ortes getragen haben: Rabenstein. Ein »Rabenstein« aber war ein Hinrichtungsplatz; ein Galgenberg, wo über den Köpfen der Gehenkten die schwarzen Aasvögel schwirrten. Damit wäre wiederum der Bezug zum Tod hergestellt, der in den Biographien von Hellsehern so oft eine wichtige Rolle spielt. Mental können die Erweckten das noch Jahrhunderte später gespürt haben.

Schließlich das größte Geheimnis des Hennenkobel: Verborgen in dem bewaldeten Berg liegt ein See! Nur sehr schwer ist er zugänglich, nur wenige Eingeweihte kennen ihn; haben seine nächtigen Ufer erblickt. Der eine oder andere Prophet gehörte möglicherweise dazu, auf jeden Fall haben geophysikalische und ungleich schwerer erklärbare Spannungen zwischen Wasser und Granit auf die Sensibilität der Visionäre gewirkt.

Die Präkognitiven haben in der Nähe von Zwiesel einen heiligen Platz gefunden, der sicher auch den Kelten bereits bekannt war; zumindest was zwei der drei »Kraftfelder« angeht. Damit aber schließt sich ein Kreis: In den Menschen mit dem »Dritten Auge« lebt viel magisches Wissen des zauberischen Volkes aus vorchristlicher Zeit weiter; letztlich heidnische Weisheit schlägt die Brücke über Jahrtausende hinweg!

Freilich kann man sich durch solche und andere Überlegungen dem eigentlichen Rätsel höchstens annähern. Nur einen Spalt breit können die Schleier gelüftet werden. Wir wollen uns damit bescheiden; vor allem, weil es im Prinzip um ganz andere Dinge geht: Nicht die Totalanalyse des Phantastischen ist am wichtigsten, sondern unsere Fähigkeit, auf die Warnungen der Propheten zu hören und sie zu beherzigen.

Denn dies könnte überlebensnotwendig für die gesamte Menschheit sein!

Anmerkungen zum Text

1 **Präkognitiv veranlagt:** hellseherisch begabt. Präkognition: Zukunftsschau.
2 **Parapsychologie:** Grenzwissenschaft, die sich mit scheinbar unerklärlichen Phänomenen beschäftigt.
3 **Harmageddon:** Biblische Bezeichnung für die letzte Menschheitsschlacht.
4 **Spökenkieker:** Geisterseher, Hellseher.
5 **Dreisessel:** Bayerwaldberg östlich von Freyung an der tschechischen Grenze. Uralte Sagen sind mit ihm verknüpft.
6 **Hennenkobel:** Berg bei Rabenstein.
7 **Fallieren:** Bankrott machen; seine Existenz verlieren
8 **Insthaus:** Austrags- oder Gesindehaus auf einem Hof.
9 **Sölde:** Kleinbauernhof.
10 **Initiationserlebnis:** Erweckungserlebnis, das medial veranlagten Menschen oft zustößt.
11 **Dörper:** Dörfler. Der Ausdruck hatte im Mittelalter einen abwertenden Beiklang.

12 **Rad des Fatums:** Schicksalsrad. Ein beliebtes Gedankenbild des Mittelalters: Der Mensch ist an ein sich drehendes Rad gefesselt, und das trägt ihn – je nach der Laune des Fatums – in die Erniedrigung oder die Macht; empor zum Glück oder hinunter zum Unheil.

13 **»Der Tag danach«:** Bekannter Hollywood-Film, der eine Nuklearkatastrophe schildert.

14 **Pfründe:** Bauernhof, der zum Nutzen des Pfarrers von anderen bewirtschaftet wurde.

15 **Vagant:** Wandernder Schüler oder Student.

16 **Bakkalaureat, Bakkalaureus:** Magisterwürde, Magister.

17 **Kanonikatshof:** Pfründe eines Kanonikers, eines Chorherren.

18 **Fraisen:** Krämpfe, unter denen vor allem Kinder litten.

19 **Tsunami:** Gigantische Springflut, die durch ein unterseeisches Beben verursacht wird.

20 **Hydra:** Vielköpfiges Ungeheuer aus der antiken Mythologie.

21 **Ustascha-Regime:** Faschistisches Regime zur Zeit des Zweiten Weltkrieges in Kroatien, das außerordentlich eng mit der katholischen Kirche zusammenarbeitete. Ustascha-KZs wurden von Faschisten und katholischem Klerus oft gemeinsam betrieben. In diesen Vernichtungslagern wurden von 1941 bis 1943 ca. 800 000 orthodoxe Christen (Serben), Zigeuner und Juden ermordet. Ziel war die zwangsweise Rekatholisierung des Balkans.

22 **Laizistisch:** weltanschaulich frei.

23 **Perkognition:** Die Fähigkeit eines Paranormalen, durch Materie zu schauen, also etwa zu erkennen, was sich in einem anderen Raum befindet, oder krankhafte Organveränderungen im Körper eines anderen Menschen durch Kleider und Muskelgewebe hindurch zu sehen.

24 **Ultramontanismus:** Romhörigkeit, politische Abhängigkeit von der katholischen Kirche.

25 **Schratzl:** Zwerg (bayerische Mundart).

26 **Palas:** Wohntrakt einer Burg.

27 **Bergfried:** Wehr- und Schutzturm einer Burg.

Verwendete Literatur

Backmund, Norbert: »Hellseher schauen in die Zukunft«, Grafenau 1991.

Bekh, Wolfgang Johannes: »Bayerische Hellseher«, TB-Ausgabe, München 1985.

Böckl, Manfred: »Mühlhiasl – Der Seher vom Rabenstein«, Passau 1991.

Böckl, Manfred: »Der blinde Hirte von Prag«, Passau 1992.

Böckl, Manfred: »Nostradamus – Der Prophet«, München 1993.

Böckl, Manfred: »Šumava – Ein Epos aus dem Böhmerwald«, Passau 1992.

Fiebag, Johannes: »Die geheime Botschaft von Fatima«, Tübingen 1986.

Friedl, Paul: »Prophezeiungen aus dem bayerischböhmischen Raum«, Rosenheim 1974.

Göttner-Abendroth, Heide: »Die Alte vom Arber« in: »Bayerischer Wald«, Hrsg. Hubert Ettl, Viechtach 1993.

Haller, Reinhard: »Mühlhiasl – Vom Leben und Sterben des Waldpropheten«, Grafenau 1993.

Kirchhoff, Jochen: »Giordano Bruno«, Hamburg 1980.

Haller, Reinhard: »Der Starnberger Stormberger Sturmberger«, Grafenau 1976.

Schönhammer, Adalbert: »PSI und der Dritte Weltkrieg«, Bietigheim 1978.

Silver, Jules: »Prophezeiungen bis zur Schwelle des 3. Jahrtausends«, Genf 1975.

Stocker, Josef: »Der Dritte Weltkrieg und was danach kommt«, Wien 1983.